번역을 위한 고급 한국어

번역을 위한 고급 한국어

발행일 1판 1쇄 2020년 3월 31일
       2쇄 2022년 3월 21일

지은이 허용, 임형재, 박은정, 김민영

펴낸이 박민우
기획팀 송인성, 김선명, 김선호
편집팀 박우진, 김영주, 김정아, 최미라, 전혜련
관리팀 임선희, 정철호, 김성언, 권주련

펴낸곳 (주)도서출판 하우
주소   서울시 중랑구 망우로68길 48
전화   (02)922-7090
팩스   (02)922-7092
홈페이지 http://www.hawoo.co.kr
e-mail   hawoo@hawoo.co.kr
등록번호 제475호

값 13,000원
ISBN 979-11-90154-50-5 93710

도서
출판   夏雨
株式會社

서문

　이 책의 필요성을 느끼게 된 것은 약 3년 전쯤 필자들이 속한 대학의 대학원에서 TOPIK 6급 이상의 고급 한국어 학습자들의 번역 글쓰기를 가르치면서부터이다. 대학원 한국어 번역 전공에 입학한 학생들의 대부분은 특정 국가 출신이 많았지만 국적으로 본다면 10여 개국으로 다양했던 터라 어느 특정 언어에 대한 번역을 가르칠 수는 없었다. 그때 취한 방법 중의 하나가 한국어 원문을 각자의 모국어로 번역한 다음 다시 한국어로 번역하게 하는, 일종의 역번역(Back Translation) 기제를 활용한 교육 방법이었다.

　그때는 다양한 모국어 학습자를 위한 임시방편 또는 궁여지책으로 택한 방법이었지만 해를 거듭할수록 그 방법은 결코 나쁘지 않다는 것을 알게 되었다. 번역 방법론을 언어교수에 적용해 보니 여러 가지의 이점이 있었다. 무엇보다 번역을 하는 과정에서 자연스럽게 두 언어를 대조하게 됨으로써 보다 높은 수준의 한국어 표현과 함께 장르의 성격에 적합한 표현을 익힐 수 있다. 한국어교육을 포함한 외국어교육에서도 역번역은 유용한 학습 방법이어서 번역 전공이 아닌 경우에도 학습자에게도 한국어 사용에서 자기 성찰의 기회를 제공하게 됨으로써 고급 학습자들의 언어능력 향상에 큰 도움이 된다는 사실을 실제의 체험으로 알게 되었다.

　물론 고급 학습자들의 번역에서도 많은 문장의 오류가 나타나지만, 자신들에게 익숙한 표현으로 번역을 하면 오류를 피할 수는 있다. 그러나 문제는 어학당에서 TOPIK 시험을 위해 배운 그들의 한국어 실력으로는 조금씩 변형된, 보다 높은 수준의 문어체 한국어 문장 구조를 자유롭게 구사하기는 어려운 것이었다. 더욱이 미래의 번역가들에게 필요한 것은 단순히 오류 없이 의미는 통하는, '문제가 되지 않는 차이(differences that do not matter)'의 번역이 아니라, 원문이 의도하는 바에 부합하는, 보다 정확하고 보다 수준이 높은 표현, 그리고 한국어의 미묘한 차이에 의한 번역의 정교함이나 번역의 질적 차이를 체득하는 것이다.

　대학원에 입학하여 언젠가는 훌륭한 번역가가 되겠다는 젊은 꿈을 가진 그들에게는 그러한 것들이 필요했고, 그렇게 자신들이 배워야 할 것이 있다는 사실을 깨달은 후에 그들은 고급 한국어 표현에 목말라 했다. 이 책은 그런 배경에서 시작된 것이다.

　학생들의 역번역문을 칠판에 써 놓고 한국어 원문과 비교해 나가면서 학생들에게 왜 그렇게 썼는지, 둘 사이에 나타나는 차이에 대해 무엇을 느끼는지에 대한 학생들의 의견을 듣고 또 그에 대해 설명을 하다 보니 가르쳐야 할 것이 생각보다 참 많았다. 그 모든 것이 한국어에 대한 직관의 부재임을 알게 되었고 수업은 그들이 지금껏 갖지 못한 한국어 직관을 심어주는 작업이 되었다.

그러는 사이 번역 전공이 아닌 외국인 학생들도 한두 명씩 수강 신청 또는 청강을 하게 되었고, 석사 과정생을 대상으로 개설한 수업에 박사 과정 외국인 학생들도 조용히, 그러나 능동적으로 참여하였다. 수업에서 만난 학습자들은 모두 이런 연습이 글쓰기에 도움이 될 것 같아서 왔다고 하였다. 학생들에게 수업 시간마다 틀려도 좋으니 과감하게 새로운 문장을 만들어 보라고 하였더니 한 학기가 끝날 때쯤 그들은 자신들이 여전히 미흡하지만 오류를 두려워하지 않고 새로운 글쓰기를 시도해 볼 수 있는 자신감을 갖게 된 것 같다고 하였다.

교재를 만들어 가며 강의를 운영한 지 벌써 일곱 번째 학기가 되었다. 학생들에게 조금이라도 더 도움이 될까 싶어서 강의 교재를 매 학기 깁고 다듬었다. 강의 중에 역번역한 모든 자료와 수업 중 칠판에 썼던 모든 자료를 서로 공유하여 만나서 또는 전화로 토의를 하고 조금씩 고쳐 나갔다. 그러다 보니 처음의 강의 자료와는 체제도 많이 바뀌고 유형도 바뀌었다.

여기에 실린 8개의 글들은 대부분 하나의 주제에 대하여 여러 자료를 검색하여 문장구조와 표현을 필요에 따라 의도적으로 바꾼 것들이다. 주지하는 대로 원문 그대로는 학습자들에게 적합하지 않아 아쉬움을 느끼는 경우가 많기 때문이다.

다만, 제1과의 "꿈들의 사전"과 제3과의 "채식의 배신"은 각각 2018년 1월『한겨레』신문과 2013년 KISTI『과학 향기』에 실린 것을 허락을 받아 수정 게재한 것이다. 그리고 특별히 제1과 원문의 저자인 고(故) 김진영 선생님의 유족들에게 깊은 감사를 드린다. 학생들에게 도움이 된다면 돌아가신 아버님도 좋아하실 것이라고 기꺼이 원문 사용을 허락해 주셨다.

우리 모두가 열심히 하였지만 그래도 많은 아쉬움이 남는다. 마지막까지 조율하던 것을 시간에 쫓기어 합의를 보지 못한 채 내보내게 되었다. 다음의 수정본과 중급 교재에서는 좀 더 좋은 모습으로 다가갈 것이라고 다짐한다.

저자들 씀

교재 소개

본 교재는 번역을 전공하는 학습자를 포함하여 수준 높은 한국어 글쓰기를 익히고자 하는 고급 학습자들을 위한 교재이다. 즉, 이 책은 토픽 6급 이상의 학습자들을 대상으로 한 글쓰기 중심의 교재이다. '번역은 글쓰기다'라는 말이 있듯이 번역을 잘 하려면 한국어 글쓰기 훈련이 필요하다.

이 교재의 구성은 아래와 같다.

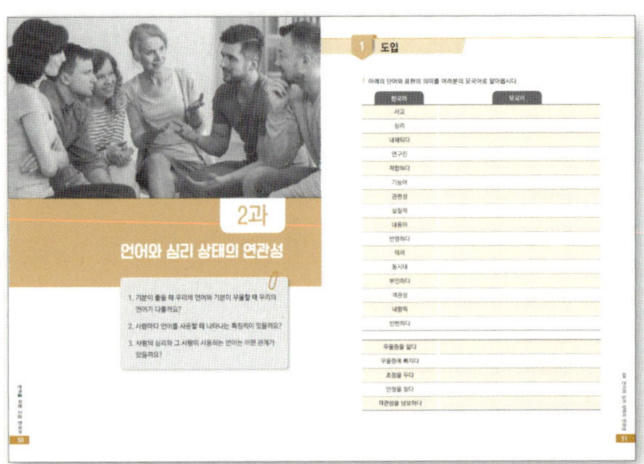

도입

제목과 그에 맞는 사진, 그리고 그 아래 제시된 몇 가지 질문을 통해 본문에서 배우게 될 내용이 무엇인지 추측해 보게 하였다. 그 다음 페이지에는 본문에서 접하게 될 어휘를 제시하였다. 제시된 어휘에는 그 자체가 고급의 어휘인 것도 있지만 연어 관계에 있거나 함께 출현하는 빈도가 높은 용어들을 같이 묶어 제시하여 그 어휘들의 공기(共起, co-occurrence) 관계의 중요성을 부각시켰다. 그리고 그 어휘들을 모국어로 찾아보게 하여 모국어와 한국어 표현의 공통점과 차이점을 알게 하였다. 필요에 따라 그 단어를 이용하여 문장을 만들어 볼 수도 있을 것이다.

읽기

각 장의 본문은 사회현상, 과학, 심리, 예술 등 다양한 주제로 구성하였는데, 이는 주제에 따라 표현되는 문장의 구조와 표현이 달라질 수 있기 때문이다. 특별히 대학에서 학문을 수행할 때 필요한 글쓰기 기능도 고려하여 원인과 결과, 문제점과 해결, 비교와 대조 등 다양한 글쓰기 기능이 본문에 포함되도록 하였다.

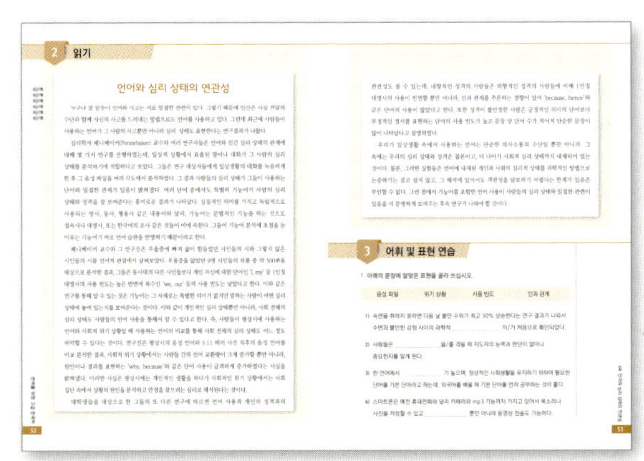

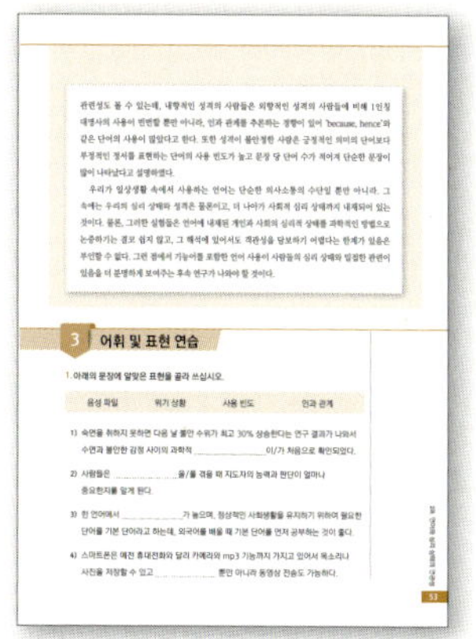

1번 유형은 본문 내용을 읽고 어휘나 표현을 학습자 자신이 제대로 이해했는지 확인할 수 있도록 문제를 제시한 것이다. 본 교재에서 제시한 어휘는 개별 어휘보다는 연어적 관계와 같이 한 문장에서 두 어휘가 함께 나타나는 비율이 높은 어휘의 덩어리이다. 번역을 할 때 두 어휘를 하나의 의미 단위로 함께 번역을 해야 하는 것들이라고 할 수 있다. 고급학습자들이 하나 하나의 어휘로 인식하지 않고 덩어리로 인식할 수 있도록 훈련할 필요가 있다.

2번 유형은 명사와 동사의 공기 관계를 학습하기 위한 것으로 각 장에 따라 명사를 중심으로 구성하기도 하고 동사를 중심으로 구성하기도 하였다. 이러한 유형은 한국어 모어화자들은 직관적으로 알 수 있지만 한국어 학습자들은 어려움을 겪는 부분이다. 실제로 '온도를 올리다'와 바꿀 수 있는 의미로 '온도를 키우다'가 가능하다고 생각하는 사례가 있었다. 문장에서 자주 함께 공기되는 명사와 동사의 관계를 학습하도록 구성하였다.

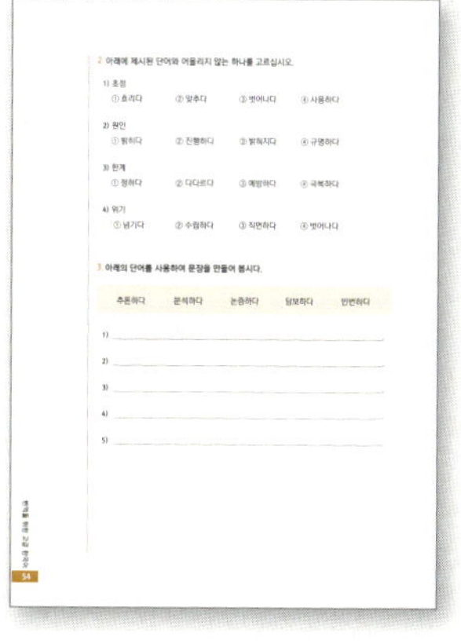

3번 유형은 주어진 용언을 사용하여 문장을 완성하게 하는 것이다. 한국어 학습자들이 가장 많은 오류를 생산해 내는 유형이다. 용언의 의미 이해에서 나타나는 문제도 있고 활용의 오류도 나타나고 있어 수업 시간에 정확한 피드백이 필요한 유형이다.

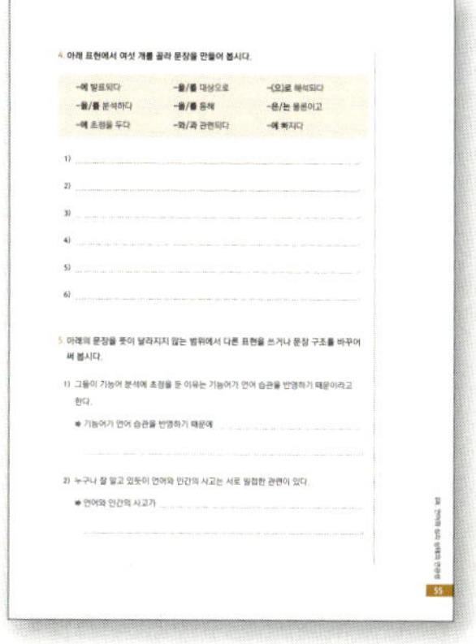

4번 유형은 조사가 포함된 표현으로, 고급학습자이지만 조사에서 오류가 나타나는 현상을 교정하고자 구성한 유형이다. 조사 부분을 진하게 표시함으로써 학습자들에게 환기를 시키고 눈에도 익숙해지도록 유도하였다. 또한 실제로 문장을 만들어 보고 교정하는 과정에서 정확한 표현을 인식하도록 하였다.

5번 유형은 문장의 구조를 바꾸거나 표현을 달리하여 대체 문장을 만드는 연습이다. 번역을 할 때도 작문을 할 때도 하나의 문장을 다양한 형태로 바꾸어 쓸 수 있어야 좋은 한국어 문장을 생산해 낼 수 있다.

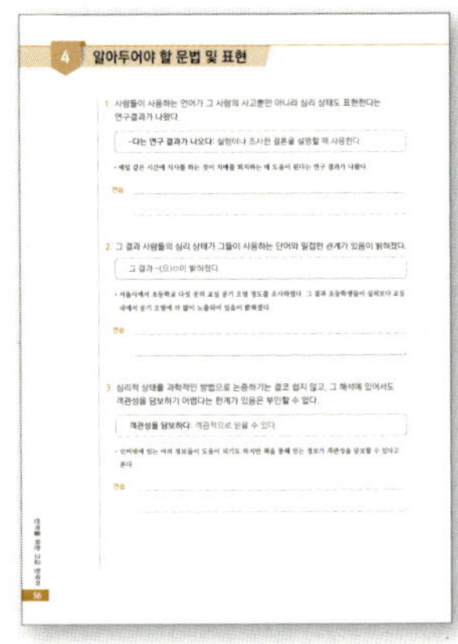

알아두어야 할 문법 및 표현

'알아두어야 할 문법 및 표현'은 본문 텍스트의 성격에 따라 필요한 문법 및 표현으로 구성하였다. 동일한 내용이라도 보고서 성격의 글과 비교 대조의 글에 사용되는 문장구조와 표현은 다른 경우가 적지 않아, 이 부분을 통해 한국어 학습자들이 텍스트의 유형에 따라 필요한 문법이나 표현을 알 수 있도록 구성한 유형이다.

핵심 문장 모국어로 번역하기

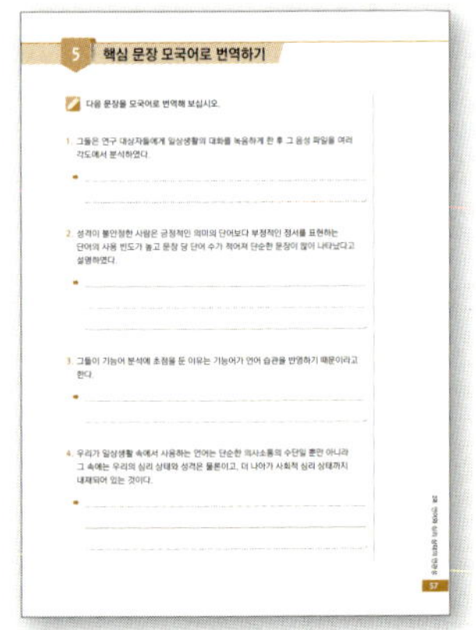

본문에 나오는 내용 중 중요한 표현이나 문법이 포함된 문장 몇 가지를 선택하여 학습자들에게 자신의 모국어로 번역을 하게 훈련시키는 유형이다. 학습자들이 모국어로 번역을 하면서 이러한 표현이나 문법이 한국어와는 어떤 점이 같고 어떤 점이 다른지 더 깊은 인식과 탐구를 유도하기 위한 부분이다.

자주 사용되는 특징적인 표현

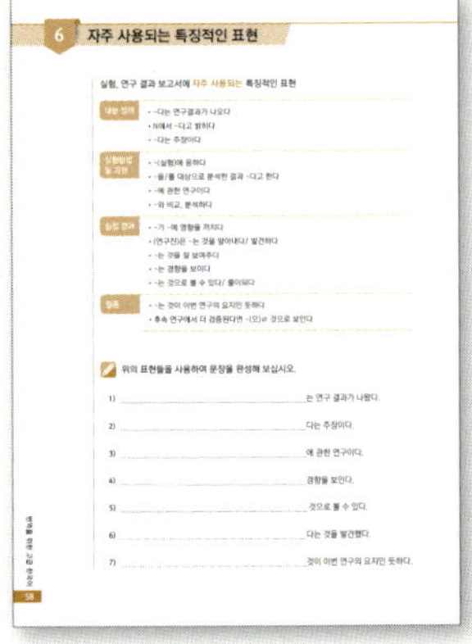

'자주 사용되는 특징적인 표현' 역시 본문 텍스트의 유형에 따라 달라지는 작문의 구조적인 특징과 관련하여 작문의 전체적인 구조, 서론, 본론, 결론에 나타나는 특징적인 표현들에 초점을 맞추었다. 서론, 본론, 결론에 자주 쓰이는 정형화된 표현들을 제시하고 실제로 학습자들에게 문장을 만들어 보게 함으로써 정형화된 표현들을 익히도록 하였다.

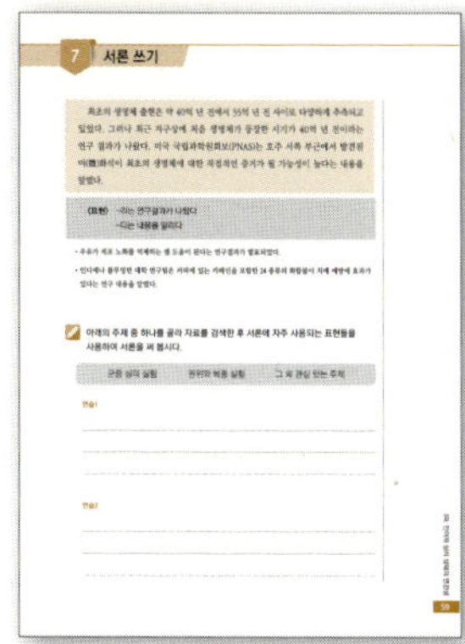
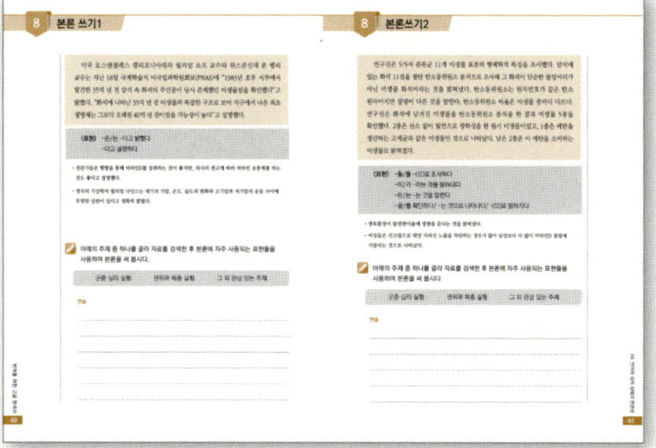
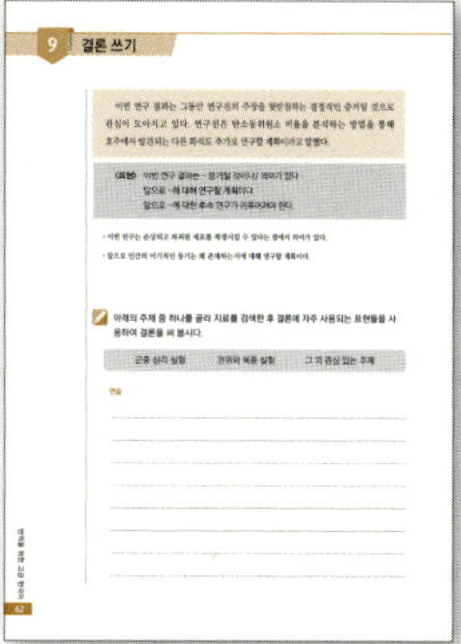

'글쓰기' 부분에서는 제시된 주제들 중에서 한 가지를 선택하여 글을 쓰도록 구성하였다. 제시된 주제들은 앞에서 배운 본문 텍스트와 비슷한 성격의 주제들이다. 예를 들어, 보고서 성격의 본문을 학습한 장에서는 보고서 성격에 맞는 주제들을 제시하였다. 각 주제에 따른 서론, 본론, 결론을 쓰는 연습을 하도록 구성하였다.

종합 쓰기

서론, 본론, 결론으로 나누어 쓴 단락을 하나의 완성된 텍스트로 쓰게 하도록 종합쓰기를 구성하였다. 고급학습자들이 각 단락을 연결하는 부분에서 매끄럽게 단락을 구성하지 못하는 경향이 있으므로 서론, 본론, 결론 단락쓰기만으로는 완전한 글쓰기 연습이라고 할 수 없다. 단락의 연결 부분에 유의하면서 완성된 한 편의 글을 쓰도록 연습할 필요가 있다.

과제

'과제'는 앞의 본문을 학습자들의 모국어로 번역을 하게 하는 훈련이다. 이를 통하여 한국어를 자신의 모국어로 번역을 할 때 더 좋은 표현은 어떤 것인지 고민을 하게 하는 의도가 들어 있는 부분이다. 원문의 의미 전달을 넘어서서 저자의 의도를 어떻게 하면 보다 잘 번역할 수 있을까 하는 데 관심을 가지게 한 것이다. 그리고 모국어로 번역을 하는 시간을 체크하도록 하였는데, 이는 모국어로 번역을 하는 속도를 점차 줄여 나가도록 유도하기 위한 구성이다.

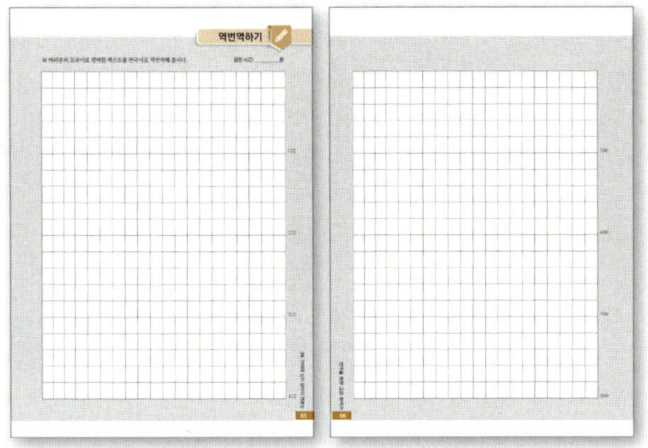

역번역하기

'역번역하기'는 본문의 한국어 텍스트를 학습자 모국어로 번역한 후 다시 한국어로 번역을 하는 것이다. 이때 학습자들은 원래의 본문 한국어 텍스트를 보지 않고 자신이 번역한 모국어 텍스트를 한국어로 번역하는 것이다. 그 후 본문의 한국어 텍스트와 학습자가 역번역한 한국어 텍스트를 비교하면서 번역의 완성도를 측정하기도 하지만 한국어 문장의 심화학습이 이루어지기도 한다. 원래 본문의 한국어 텍스트와 학습자가 역번역한 한국어가 동일할 수 없다. 그러나 동일하지 않다고 해서 학습자의 한국어 번역이 틀렸다고 할 수 없는 경우도 있다. 원문의 한국어와 학습자가 역번역한 한국어가 동일하지 않을 때 어떤 점에서 차이가 있는지, 어떤 문장이 더 좋은 번역문이 되는지 등을 교수자와 학습자들의 토론을 거쳐서 좋은 번역을 할 수 있도록 구성하였다.

학습자들의 실제 역번역문

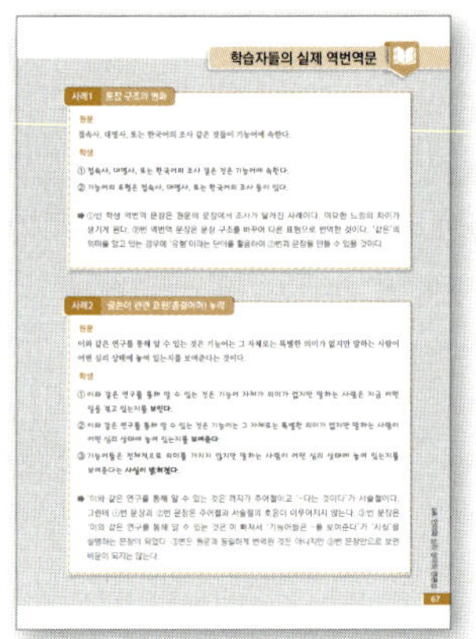

실제로 학습자들이 역번역한 문장을 제시하였다. 수업시간에 교재로 사용하는 경우와 달리 혼자 독학을 하는 학습자들을 위해 다른 학습자들이 본 교재의 본문을 역번역했을 때 어떤 문장들이 번역되어 나오는지 실제 사례를 제시함으로써 다양한 한국어 문장을 접해볼 수 있도록 하기 위함이다.

위의 구성을 보면 종합적인 것처럼 보이지만 실제로는 모두 고급의 글쓰기를 위해 필요한 것들이다. 각 단계가 각각의 특징을 가지고 글쓰기를 위해 모아지는 것이다. 그리고 이 교재의 또 하나의 특징은 본격적인 학습에 들어가기에 앞서 '한국어 고급 글쓰기를 잘 하려면?'을 제시하고 있다는 것이다. 여기에서는 고급 학습자들이 어떤 오류들을 극복하기 어려워하는지, 그리고 고급의 한국어 글쓰기를 구사하기 위해서는 어떤 점에 유의해야 하는지 고급 학습자들의 실제 예문을 통해 제시하고 있다. 이 부분은 아래와 같이 두 단계로 나누어 제시하였다.

1단계   비문과 오류를 줄이도록 노력해야 한다.

여기에서는 반드시 극복하지 않고서는 스스로를 고급 학습자라 할 수 없는 오류의 예들을 제시하였다. 조사의 정확한 사용, 긴 관형절과 짧은 관형절의 정확한 사용, 호응관계 여부, 보조용언의 적절한 사용, 대상 지시어 사용 여부, 유의어 한자 어휘의 선택 등이 그것이다.

2단계   좀 더 고급스러운 한국어 문장을 구사하도록 노력해야 한다.

2단계에서는 보다 고급스러운 문장은 어떤 것인지를 보여주고 있다. 고급 한국어를 구사하기 위해서는 동일한 내용의 글을 간단하게도 쓸 수 있어야 하고 경우에 따라서는 멋을 부릴 수도 있어야 한다. 즉, 전형적인 한국어 문장구조에서 벗어나서 다양한 형태의 문장을 구성할 수 있어야 한다. 그리고 긴 문장을 짧은 명사구로 바꿀 수 있어야 하고 그 반대로 짧은 명사구를 긴 문장으로 풀어쓸 수도 있어야 고급 문장을 구사할 수 있다. 또한 조사 '이/가'와 '은/는'의 선택, 문장의 접속과 분리의 선택, 부사의 적절한 사용, 글쓰기에 있어서 객관적인 표현 등 고급 한국어 구사를 위한 몇 가지 설명을 제시하였다.

서문에서 밝히고 있는 바와 같이 이 책은 6급 이상의 한국어 번역 전공 학생들을 대상으로 몇 년 동안 강의한 것을 정리하고 추려서 가장 중요하고 필요한 것이라고 생각되는 것들을 묶어 엮은 것이다. 보다 수준 높은 글쓰기를 원하는 사람들에게 작지 않은 도움이 될 것이라고 경험을 통해 확신하며, 모든 한국어 학습자들에게 격려의 박수를 보낸다.

목차

서문 4

교재 소개 6

한국어 고급 글쓰기를 잘 하려면? 14

1과 꿈들의 사전 34

2과 언어와 심리 상태의 연관성 50

3과 채식의 배신 68

4과 공유 경제, 공유 주택 86

5과	단원 김홍도와 혜원 신윤복	104
6과	세계는 지금 재생 에너지 개발 바람	122
7과	고령 사회의 문제점과 대책	140
8과	별의 일생과 종류	158
정답		176

한국어 고급 글쓰기를 잘 하려면?

　　외국인 학습자가 사용하는 한국어의 수준을 평가하는 기준은 두 가지로, 하나는 한국어를 얼마나 정확하게 사용하느냐 하는 것이고 다른 하나는 단어나 문장구조의 수준이 얼마나 높은가 하는 것이다.

　　물론 일상생활의 발화에서는 문법적으로 정확하지 않을 수도 있고 수준 높은 어휘나 색다른 문장구조를 사용하지 못할 수도 있다. 화자인 내가 말하고자 하는 의도가 순간적으로 바뀔 때 그것을 표현하는 말과 일치하지 않을 수도 있고, 또 대화 상대자가 있는 상황에서 나 혼자 수정의 시간을 길게 가질 수도 없기 때문이다. 우리가 암산으로 단위가 높은 덧셈이나 곱셈을 할 때 순간적으로 틀린다고 하여 덧셈과 곱셈을 모른다고 하지 않는 것과 같다.

　　그러나 쓰기에서는 상황이 다르다. 쓰기는 나 혼자 하는 것이므로 나의 생각을 다듬고 수정할 시간이 주어진다. 이러한 경우에 비문이나 오류를 만들게 되면 한국어 모어 화자들은 그 외국인이 아직 한국어를 잘 알지 못하는 것으로 판단하게 된다. 그리고 어휘나 문장의 수준이 높지 않으면 아직 배워야 할 것이 많은 것으로 판단한다.

　　따라서 나의 한국어 수준을 높이기 위해서는 우선적으로 비문과 오류를 만들지 말아야 하며, 가능한 한 어휘의 수준을 높임과 함께 글을 전문적으로 쓰는 사람들의 문장구조를 익히는 노력이 필요하다. 이제 고급 외국인 학습자들의 글쓰기에서 자주 볼 수 있는 문장들을 예로 하여 무엇이 문제인지 어떻게 하면 그것을 극복할 수 있는지 구체적으로 살펴보도록 한다.

TOPIK 6급 이상의 고급의 학습자들은 문장의 기본적인 틀에서는 많은 오류를 일으키지 않을 것이라고 생각하기 쉬운데 실제는 그렇지 않은 것이 사실이다. 그들의 실제 작문을 보면 기본적인 오류가 의외로 많음을 볼 수 있다. 이러한 것들이 극복되지 않고서는 결코 고급 학습자라 할 수 없는 것들이 많은데 아래의 경우들이 이에 속한다. 고급 글쓰기를 잘하기 위해서는 반드시 정확하게 익혀야 하는 사항들이다.

(1) 정확한 조사 사용

고급학습자들도 의외로 격조사를 잘못 사용하는 경우가 많다. 한국어 격조사를 사용함에 있어 유의할 점은 해당하는 명사가 서술어와 어떤 관계인지를 정확히 파악하는 일이다. 아래의 **예**에서 서술어 '요구하다'의 주어가 될 수 있는 말은 대체로 사람이나 기관 등이다. 밑줄 친 '대책'이라는 명사는 '요구하다'의 목적어이지 주어가 될 수 없다. 따라서 아래 예문은 비문이다. 이 문장은 ②와 같은 '대책을 요구하다'라는 능동형으로 쓰든지 ①과 같은 '대책이 요구된다'라는 수동형을 써야 바른 문장이 된다.

> **예** 이에 대한 정부의 적극적인 대책이 시급히 요구한다. (X)
>
> ➡ ① 이에 대한 정부의 적극적인 대책**이** 시급히 요구**된다**.
>
>   ② 이에 대한 정부의 적극적인 대책**을** 시급히 요구**한다**.

> • '이/가' + 피동 동사 ↔ '을/를' + 능동 동사
>
> 피동문과 능동문을 자연스럽게 바꿔 쓸 수 있어야 한다. 피동 동사일 때와 능동 동사일 때의 조사가 달라지는 것에 주의해야 한다.

이와 같이 한국어는 문장구조가 바뀔 때 조사도 같이 바꿔 주어야 하는 경우가 많기 때문에 이에 대해 신경을 써야 한다. 아래에 그에 대한 간단한 예가 제시되어 있다.

③ 나는 철수랑 5시**에** 만나기로 약속했다.
④ 나는 철수랑 만나는 약속을 5시로 하였다.

위에서 ③과 같은 문장을 ④와 같이 바꾸면 '5시에'가 '5시로' 바뀌어야 한다. 만약 ④의 문장에서 '5시에'를 쓰면 문장의 의미가 달라진다. 고급학습자들은 이러한 기본적인 것을 틀리지 않도록 하여야 할 것이다.

여기서 보다 정확한 문장을 생성하기 위해 위 문장 ①과 ②를 다시 살펴보자.

① 이에 대한 정부의 적극적인 대책이 시급히 요구**된다**.
② 이에 대한 정부의 적극적인 대책을 시급히 요구**한다**.

이 두 문장 중에서 보다 좋은 문장은 ①번이다. ②의 문장은 문법적 형식은 맞지만 실제적으로는 그대로 사용하기 매우 어려운 문장이다. 그 이유의 첫째로는 위 글의 내용상 '정부의 대책이 필요하다'의 의미인데 문장 ①에서는 '요구된다'를 '필요하다'라는 말로 바꾸어 쓸 수 있지만, 문장 ②에서는 서술어 '요구한다'가 목적어를 가지고 있기 때문에 '필요하다'로 바꾸어 쓸 수 없기 때문이다. 둘째, ①과 같이 수동형의 문장으로 쓰면 '대책이 시급히 요구되는' 상황에 초점이 놓이는 반면, ②와 같이 능동형의 문장을 사용하면 글의 초점이 '누가' 그러한 대책을 요구하느냐에 놓이게 된다. 그런데 문장 ②에는 주어가 없다. 따라서 문장 ②가 제대로 되기 위해서는 아래와 같이 주어를 제시해 주어야 한다.

⑤ 시민단체들은 이에 대한 정부의 대책을 시급히 요구한다.

그러나 이 문장도 온전하지 않다. 이 문장이 좀 더 실제적인 글이 되기 위해서는 '요구한다'를 '요구하고 있다'와 같이 '-고 있다'를 사용하여야 한다. 또 하나의 문제는 '시급히'가 꾸미는 말이다. 대책이 시급한 것이지 요구를 시급히 하는 것이 아니기 때문이다. 따라서 아래와 같은 문장이 될 때 온전한 문장이 된다.

⑥ 시민단체들은 이에 대한 정부의 시급한 대책을 요구하고 있다.

이 경우 문장은 완전해졌지만 세부적인 의미 면에서는 ①과 차이가 난다. 한국어 글쓰기를 잘하려면 이와 같이 여러 가지 면에서 살펴보아야 한다. 그중 가장 우선적인 것은 조사를 정확히 사용하는 것이다.

(2) 관형절

한국어에서 명사를 수식하는 말을 관형어라고 하는데 그 관형어가 단어나 구(句, phrase)가 아니라 절(節, clause)과 같은 문장의 형식으로 된 경우가 있다. 이것을 관형절이라 하는데, 관형절에는 두 가지가 있다. 다음의 **예**를 보자.

> **예** [문장 1]: 오늘은 해가 7시에 뜬다.　　　[문장 2]: 나는 (그것을) 몰랐다.
> ➡ ① 나는 오늘 해가 7시에 **뜨는** 것을 몰랐다.
> 　② 나는 오늘 해가 7시에 **뜬다는** 것을 몰랐다.

위의 [문장 1]과 [문장 2]를 합쳐 하나의 문장을 만들 때 ①과 같이 '뜨는'이라고 할 수도 있고 ②와 같이 '뜬다는'이라고 할 수도 있다. ①과 ②의 차이점은 관형사형 전성어미 '-는'을 제외한 부분에 있다. ①은 '오늘 해가 7시에 뜨-'로 이루어진 것이고 ②는 '오늘 해가 7시에 뜬다'로 이루어진 것이다. 즉, ②는 그 자체로 완전한 문장이 되는 데 반해 ①은 완전한 문장이 아니다. 이러한 차이로 인해 ①과 같은 경우를 짧은 관형절이라 하고 ②와 같은 경우를 긴 관형절이라 한다.

그런데 문제는 모든 경우에 짧은 관형절과 긴 관형절이 다 가능한 것은 아니라는 데 있다. 다음의 예를 보자.

> **예** ③ 나는 우리가 우승한 소식을 들었다.　　　(X)
> 　④ 나는 우리가 우승했다는 소식을 들었다.　　(O)
>
> 　⑤ 나는 아침 7시에 해가 뜨는 것을 보았다.　(O)
> 　⑥ 나는 아침 7시에 해가 뜬다는 것을 보았다.　(X)

위에서 ③과 ④ 중에서는 긴 관형절인 ④가 맞는 문장인 반면, ⑤와 ⑥ 중에서는 짧은 관형절인 ⑤가 맞는 문장이다. 이러한 차이점은 관형절의 수식을 받는 명사의 속성과 주절의 동사의 성격에 기인한다. 관형절 문장에서 비문을 만들지 않으려면 긴 관형절과 짧은 관형절에 대한 별도의 공부가 필요하다. 여기에 관형절에 대한 간단한 설명을 제시하면 아래와 같다.

③과 ④에 사용된 '소식을 들었다'는 다른 사람에게 들었다는 상황이 있다. 그러므로 인용의 의미가 포함된 '-다는 N'의 긴 관형절로 구성하는 문장이 적절하다.

> **예** ① 친구들은 내가 학교 근처로 이사한 사실을 모른다.
> ② 나는 친구들에게 학교 근처로 이사했다는 말을 안 했다.

위의 예문은 '내가 학교 근처로 이사했다'는 사실은 동일하나 ①은 친구가 사실을 모르는 상황이고 ②는 내가 친구들에게 말을 안 했다는 상황으로 관형절의 수식을 받는 명사와 주절의 동사가 다르다. ②의 상황은 다른 사람에게 들은 말은 아니지만 내가 한 말을 다시 반복하는 상황으로 (자기) 인용의 의미가 있어 긴 관형절 '-다는'을 사용하는 것이 적절하다.

> 긴 관형절은 '~다는/자는/라는/냐는 + 명사'의 형태로 사용되는데, 여기서 명사는 주로 '소식, 소문, 뉴스, 기사, 이야기, 말, 정보, 보고, 주장, 특징, 장점, 단점' 등이 있다.

(3) 호응 관계

글을 쓰는 데 있어 호응 관계는 글쓴이의 글쓰기 능력이 어떠한지를 잘 보여주는 매우 중요한 요소이다. 호응 관계란, 문장이나 발화에서 특정의 어휘가 나타나면 그와 짝을 이루는 표현이 반드시 와야 하는 관계를 말하는데 이것이 제대로 되어 있지 않으면 한국어의 문장구조를 잘 알지 못한다는 평을 받거나 성의 없이 글을 썼다는 지적을 받게 된다. 아래의 **예**를 보자.

> **예** 요즘 취미생활을 못하고 있는 이유는 취업준비로 바쁘다. (X)
> ➡ 요즘 취미생활을 못하고 있는 이유는 취업준비로 바쁘기 때문이다. (O)

위에서 '이유는'이라는 말은 반드시 '때문이다'와 같은 표현을 수반해야 하는 말이다. 만약 '때문이다'가 없으면 그 문장은 비문이 될 뿐만 아니라, 진짜 고급학습자인지에 대한 의심을 받을 수도 있다. 그런데 한국어 문장에서 호응 관계로 이루어지는 표현들이 매우 많기 때문에 글을 쓸 때에는 세심한 주의가 필요하다. 다음의 예를 보자.

> 예 보고서에 따르면, 오는 2050년에 60세 이상 노령인구가 14세 이하의 아동 인구를 크게 앞지르는 대역전 현상을 경고했다. (X)
>
> ➡ 보고서에 따르면, 오는 2050년에는 60세 이상 노령인구가 14세 이하의 아동 인구를 크게 앞지르는 대역전 현상이 발생할 것이라고 한다.

위의 예는 학생들이 한국어 원문을 자신들의 모국어로 번역한 다음 다시 한국어로 역번역(back translation)한 문장이다. 그런데 한국어 원문에는 '보고서에 따르면'으로 되어 있지 않고 '보고서는'으로 되어 있다. 만약 원문대로 '보고서는'이라고 번역하였다면 다른 문제점은 지적을 받을지라도(예 대역전 현상이 **일어날 것이라고** 경고했다.), 호응 관계는 문제가 되지 않았을 것이다. 그런데 고급학습자들이 사용하기를 즐기는 '~에 따르면'을 써서 호응 관계의 문제가 발생했다. '~에 따르면'을 사용하는 것은 매우 바람직한 일이지만 호응 관계까지 살폈으면 더욱 좋은 문장이 되었을 것이다. 위에서 보는 바와 같이 '~이라고 한다'는 표현은 '~에 따르면'과 매우 잘 어울리는 서술어이다. 이 책에서는 이와 같이 고급학습자들이 틀리기 쉬운 호응 관계를 놓치지 않고 다루고 있다. 몇 가지 예를 보면 다음과 같다.

호응관계 문형

• 단지 ~(으)ㄹ 뿐이다.	• ~(으)려면 ~어야/아야 한다.
• 드디어 ~게 되었다.	• 왜냐하면 ~기 때문이다.
• ~는 이유는 ~기 때문이다.	• ~에 따르면 ~다/라고 한다.
• ~을/를 통해 ~을/를 알 수 있다.	• ~(이)란 ~을/를 뜻한다/말한다/가리킨다.
• ~에 있어 유의할 점은 ~라는/다는 것이다.	• ~의 차이점은 ~에 있다.

위의 호응 관계 중에는 반드시 그렇게 호응되어야 하는 것들도 있고, 가급적 그렇게 사용하는 것이 보다 좋은 문장이 되는 것들도 있다. 보다 구체적인 것은 본문을 통해서 학습하게 될 것이다.

---

(4) 보조용언

한국어는 문장에서 동사가 단독으로 쓰이기보다는 동사에 보조용언이 결합되거나 선어말어미
(-었-, -겠- 등)가 결합되어 쓰이는 경우가 더 많다.

> 예 ① 개인과 개인 간의 거래로 이루는 공유경제 현상이 활성화되고 있다. (X)
> ➡ 개인과 개인 간의 거래로 이루어지는 공유경제 현상이 활성화되고 있다.

> 예 ② 장기간의 여행으로 빈집을 일정 기간 주거 공간이 필요한 사람에게 빌려주는
> 것도 셰어하우스의 한 예이다. (X)
> ➡ 장기간의 여행으로 비어 있는 집을 일정 기간 주거 공간이 필요한 사람에게
> 빌려주는 것도 셰어하우스의 한 예이다.

위의 예문들은 학생들이 보조용언을 누락하여 문장을 구성하고 있음을 보여준다. 예 ①은
‘이루다’와 ‘이루어지다’의 의미 차이를 인식하지 못하고 있는 것으로, ‘거래가 이루다’ 가 아니라
‘거래가 이루어지다’ 구성이 되어야 한다. 예 ② 역시 ‘비다’와 ‘비어 있다’의 의미 차이를 드러내지
못한 채 문장을 구성하고 있음을 알 수 있다. 평소와 달리 장기간의 여행으로 인해 ‘비어 있다’는
상태를 표현하려면 ‘-아/어 있다’가 결합된 ‘비어 있다’가 더 분명한 의미를 전달할 수 있다.

> 보조용언은 동사에 문법적 의미를 더해주는 역할을 한다.
> 보조용언에는 앞 동사의 상태 지속을 의미하는 ‘-아/어 있다’, 피동 의미의 ‘-아/어지다’,
> 시도의 ‘-아/어 보다’, 사동의 ‘-게 하다’ 등이 있다. 학습자들이 알고 있지만 문장을 쓸 때
> 정확하게 생산해 내지 못하는 경우가 많다.

(5) 대상 지시

고급 수준의 문장은 길고 복잡한 문장이 많다. 그러다 보면 앞에서 이미 나온 내용들이
반복되는 경우가 많은데 동일한 내용을 동일한 형태로 반복하는 것을 피하려고 하는 것은 어느
언어에서나 마찬가지다. 즉, 필요한 경우에는 지시대명사나 지시관형사를 적극적으로 사용하여야
하며, 이를 빠뜨리지 않는 것도 글쓰기에 있어 매우 중요하다. 한국어에서 동일한 내용을 가리킬

때는 주로 '이, 그'로 대신 표현한다. 다음의 **예**를 보도록 하자.

> **예** 정부도 최근 노인의 일자리 창출과 퇴직연금제도를 개선하는 등의 대책을 추진하고
> 있다. 그러나 ∅ 제도적 보완만으로 고령화로 인한 노인복지 문제를 해결할 수 없다.
> ➡ 정부도 최근 노인의 일자리 창출과 퇴직연금제도를 개선하는 등의 대책을
> 추진하고 있다. 그러나 **이러한** 제도적 보완만으로 고령화로 인한 노인복지 문제를
> 해결할 수 없다.

위의 학생이 쓴 문장은 원문에는 '이러한'을 사용하여 앞 문장과 뒤 문장의 관계를 표시하고 있으나 모국어로 번역을 하고 다시 한국어로 역번역을 하는 과정에서 빠진 문장이다. 학생 글에서는 '이러한'이 빠짐으로 인해 제도적 보완이 어떤 것인지 정확하게 알 수가 없다. '이러한'이 들어감으로써 앞의 문장에서 언급한 '일자리 창출, 퇴직연금제도 개선' 등의 제도적 보완을 가리킨다는 것이 명확해졌다.

(6) 유의어 한자 어휘

유의 관계의 어휘나 표현을 아는 것도 고급 학습자로서 매우 중요하지만 좋은 글을 쓰고 싶다면 유의어들의 미묘한 의미 차이나 용례의 차이까지 알아야 한다. 다음의 **예**를 보자.

> **예** ① 낚시할 때 지렁이를 미끼로 **사용**해요.
> ② 낚시할 때 지렁이를 미끼로 **이용**해요.

'사용'과 '이용'은 위의 두 문장에서와 같이 서로 바꾸어 쓸 수 있는 대체 어휘이지만 완벽한 동의어가 아니므로 서로 바꾸어 쓸 수 없는 상황이 있다.

> **예** 대중교통은 시간이 정해져 있으므로 대중교통을 **사용**하기 위해서 시간을 알맞게
> 안배해야 한다. (X)
> ➡ 대중교통은 시간이 정해져 있으므로 대중교통을 **이용**하기 위해서는 시간을
> 알맞게 안배해야 한다.

일정한 목적과 기능에 맞게 쓴다는 뜻의 '사용'과 대상을 이롭게 쓴다는 뜻의 '이용' 이 두

유의어의 미묘한 차이를 알아야 정확한 한국어 문장을 쓸 수 있다. '대중교통 사용'보다는 '대중교통 이용'이 한국어 모어 화자들이 사용하는 자연스러운 표현이다. 이러한 용법을 익히면 번역을 할 때도 정확하게 표현할 수 있으며 한국어 문장을 잘 쓸 수 있다.

'참여', '참석' 또한 유의어로 교체하여 사용할 수 있지만 때로는 구분하여 사용하는 경우가 있으므로 용례를 익혀둘 필요가 있다.

> 예 아이 학교에서 학부모 수업이 있는데 이번에는 꼭 **참석**하고 싶다.
> 아이 학교에서 학부모 수업이 있는데 이번에는 꼭 **참여**하고 싶다.

위의 예는 참석과 참여가 모두 가능하다. 어떤 모임이나 행사에 관계하는 것은 '참여'로 쓸 수 있고 회의나 모임에 자리 하는 것은 '참석'으로 쓸 수 있다.

> 예 ① **이 책에**는 미국과 유럽의 텍스트언어학자들이 골고루 **참여**하고 있어
> 텍스트언어학의 국제적 동향을 손쉽게 파악할 수 있다.
> ② **이 책에**는 미국과 유럽의 텍스트언어학자들이 골고루 **참석**하고 있어
> 텍스트언어학의 국제적 동향을 손쉽게 파악할 수 있다. (X)

위의 예는 이 책에 '학자들이 골고루 참여하다'는 가능하지만 '참석하다'는 어색하다. 책이 목표로 하는 어떤 주장이나 가설에 함께 관련되는 의미로 '참여하다'는 자연스럽지만 '좌석에 앉는다'는 의미가 포함된 '참석'은 적당하지 않다.

이상의 내용들이 보다 정확한 문장을 생성하기 위해 알아야 할 사항들이라면 아래에서 다룰 것들은 좀 더 고급의 한국어를 구사하기 위해 필요한 정보들이다.

(1) 전형적인 한국어 문장구조에서 벗어나기

한국어는 SOV 언어이기 때문에 주어와 서술어가 양쪽 끝에 있고 나머지 모든 표현들은 주어와 서술어 사이에 놓이게 되는 것이 일반적인 문장구조이다. 그렇기 때문에 외국인 학습자들은 대부분 이 틀에서 벗어나지 않으려고 한다. 그러나 모든 문장이 이와 같으면 진부한 표현이 되어 낯섦이 주는 새로움을 얻기 어렵다. 아래의 예문이 그 전형적인 **예**가 된다.

> **예** ① 역번역문: 통계청은 최근 우리 국민의 10명 중 9명은 하루 책을 읽는 시간이 채 10분도 되지 않는다고 발표했다.
>
> ② 원문: 우리 국민의 10명 중 9명은 하루 책을 읽는 시간이 10분도 채 되지 않는다는 통계청의 최근 발표가 있었다.

위의 ①은 한국어의 원문인 ②를 학습자 자신의 모국어로 번역한 다음 다시 한국어로 역번역한 것으로 내용상으로는 원문인 ②와 차이가 없고 문장구조상 틀린 부분도 없다.

그런데 원문은 주어가 제일 앞에 오고 서술어가 맨 뒤에 오는 전형적인 한국어 문장구조와는 사뭇 다른 모습을 보이고 있어 새로운 느낌을 준다. 이 원문이 택한 전략은 첫째, 관형어는 주어 명사 앞에 올 수 있다는 한국어의 특징을 활용하고 있다는 것이다. 즉, "우리 국민의 10명 중 9명은 하루 책을 읽는 시간이 채 10분도 되지 않는다."는 통계청의 발표 내용을 인용절로 하지 않고 주어인 '통계청의 발표' 앞에 오는 관형절로 사용한 것이다. 위 원문이 택한 전략의 또 한 가지는 '발표했다'라는 동사를 '발표가 있었다.'라는 '주어+서술어' 문장구조로 바꾸었고, 그에 따라 '발표'의 주체인 '통계청'을 주어가 아닌 관형어로 성분 이동을 하였다는 것이다. 늘 주어와 동사로만 사용하던 기존의 문장 패턴을 좀 더 새롭게 바꾼 것이다. 이와 같은 두세 가지 전략을 활용한 결과 원문은 식상하지 않은, 보다 새로운 문장이 된 것이다. 특별히 **예**에서와 같이 주어와 서술어가 멀리 떨어져 있음으로 인한 문장 해석의 어려움에서 벗어날 수 있다는 장점도 있게 된 것이다.

만약 이와 같은 전략을 사용한다면 우리는 많은 문장들을 위와 같이 보다 새로운 구조의 문장으로 바꿀 수 있을 것이다. 아래의 경우도 유사한 **예**가 될 수 있다.

예 아프리카는 ....한 특징을 가지고 있다.

➡ ....한 특징을 가지고 있는 곳이 바로 아프리카다.

위와는 다르지만 기존의 문장구조의 틀을 새롭게 하는 예문으로 아래와 같은 것들 들 수 있다.

예 ① 한 집에서 여러 명이 함께 사는 '셰어하우스(sharehouse)'는 공유 경제의 한
예이다.
② 공유 경제의 예로 한 집에서 여러 명이 함께 사는 '셰어하우스(sharehouse)'를
들 수 있다.

위 ①은 목적어 '셰어하우스' 앞에 관형절이 길게 있으며, 전체적으로는 'A가 B의 예로 C를 들다'의 구조로 3자리 서술어 구문이다. 이를 보다 구체적으로 보면 기본문형은 [A가 C를 B로 들다]인데, 이때 C와 B가 '셰어하우스 = 공유경제의 예'라는 주술관계의 소절을 이루고 주어가 생략되어 정밀하게 분석하면 [(A가) [C를 B로] 들다]와 같은 일종의 분열문 구조를 이룬다. 따라서 위의 ①이 ②보다 더 복잡하다고 볼 수 있다.

이와 같이 동일한 의미를 가진 문장을 보다 다양한 문형을 바꾸어 표현할 수 있어야 글쓰기의 수준이 높아진다. 본 교재에는 이와 같은 훈련을 위한 장치들이 군데군데 마련되어 있다. 그 몇 가지 예를 소개하면 아래와 같다.

예 ① 편의점 도시락 판매량이 증가하는 **원인으로** 1인 가구의 증가**를 꼽을 수 있다.**
➡ ② 1인 가구가 증가하**는 것도** 편의점 도시락 판매량 증가**의 원인으로** 볼 수 있다.
③ 편의점 도시락 판매량이 증가하**는 원인 중 하나로** 1인 가구의 증가**를 들 수 있다.**

위의 예문 ①과 ②처럼 다양하게 바꿔 쓸 수 있어야 한다. 위의 예문은 앞뒤 문장의 순서를 바꾸어 쓴 것인데 이런 방법 외에도 비슷한 표현인 ③과 같이 바꾸어 쓸 수도 있다.

<table>
<tr><td>대상 소개</td><td>• N(으)로 알려져 있다
• N(으)로 유명하다</td><td>• ~는 것으로 알려져 있다
• ~기로 유명하다</td></tr>
<tr><td>예시</td><td colspan="2">• ~의 예로 ~을/를 들 수 있다
• 예를 들면 ~ 등을 꼽을 수 있다
• 대표적인 것으로 ~ 등이 있다</td></tr>
<tr><td>원인</td><td colspan="2">• ~의 원인으로 ~을/를 꼽을 수 있다
• ~의 원인 중 하나로 ~을/를 들다
• ~는 것도 (하나의) 원인으로 볼 수 있다</td></tr>
</table>

(2) 긴 문장을 짧은 명사구로 바꾸기

좋은 글이란 같은 길이 안에 좀 더 내용을 풍요롭고 다양하게 제시한 글인데, 그러기 위해서는 긴 문장을 보다 전문적인 표현으로 압축하여 제시할 필요가 있다. 더욱이 문어체에서는 보다 고급스러운 표현을 선호하기 때문에 가능하다면 압축된 명사구로 제시할 필요가 있다.

아래의 **예**를 보자.

> **예** ① 이 실험은 **부모들이 어떻게 하면 아이들의 사회성을 잘 키울 수 있을지**에 관한 연구이다.
>
> ② 이 실험은 **아이들의 사회성 제고 방법**에 관한 연구이다.

①의 밑줄 친 부분은 누군가에게 보다 쉽게 설명할 때 적합한 문장인 반면, ②의 밑줄 친 부분은 이를 보다 집약적으로 제시한 문장이다. 두 문장 모두 좋은 문장이지만 ①은 구어체에 적합한 표현인 반면, ②는 논문 제목과 같은 것으로 문어체에 적합한 표현이다. 글쓰기에서는 당연히 ①보다 ②를 선호하며, 필요에 따라서는 ②와 같은 것을 먼저 제시하고 부연 설명의 방법으로 ①과 같은 것을 제시할 수도 있다. ②와 같은 표현의 특징은 한자어를 사용하는 것인데 한자어가 갖는 조어법의 특징을 최대한 살리는 것이다. 한자어를 활용한 이러한 표현 방법의 제고 역시 본 교재의 여러 군데에서 제시되고 있다.

(3) 조사 '이/가'와 '은/는'의 사용

문장에서 같은 자리에 분포하는 '은/는'과 '이/가'의 용법을 한 마디로 설명하기는 어렵다. 둘이 분명하게 구별되어 사용되는 경우도 있지만 화자의 의도에 따라 그 선택이 달라지는 경우가 많다. 학생들의 예를 바탕으로 몇 가지 경우를 살펴보면 아래와 같다.

> 예 자연의 꿈**은** 소극적 도피라면 도시 안에서의 꿈은 적극적인 현실의 변화를 꾀하는 꿈이다. (X)
>
> ➡ 자연의 꿈**이** 소극적 도피라면 도시 안에서의 꿈은 적극적인 현실의 변화를 꾀하는 꿈이다.

위의 문장에서 많은 학생들이 원문의 '이'를 '은'으로 번역하였다. 이는 위의 문장에서 앞뒤 절이 대조적 성격을 갖기 때문인 것으로 분석된다. 즉, 위의 문장을 보면 '자연 vs 도시', '소극적 vs 적극적'과 같이 앞뒤 절이 서로 상반된 어휘를 사용하기 때문에 아래와 같이 '은/는'을 사용하여 나타내는 것이 일반적이다.

> 예 자연의 꿈은 소극적 도피이고, 도시 안에서의 꿈은 적극적 현실의 변화를 꾀하는 꿈이다.

그러나 위의 원문의 구조는 선행절이 가정을 통한 조건의 의미를 갖는 연결어미 '~다면/라면'의 구조로 되어 있다. 이러한 경우에 주어는 반드시 주격조사 '이/가'를 사용하여 연결어미와 호응관계를 이루도록 해야 한다. 내용상으로는 '은/는'을 사용할 수 있지만 문장구조상으로 '이/가'가 우선적으로 선택되어야 하는 경우이다.

또 다른 경우를 보자.

> 예 스트레스를 받을 때 유전자 발현신호를 지닌 ㉮**사람들{이, 은}** 전반적으로 말수가 줄어드는 경향을 보였다. 그러나 이들은 '정말로(really)' 또는 엄청나게(incredibly)와 같은 부사는 더 많이 사용했다. 이런 단어들은 '감성강화(emotional intensifiers)' 구실을 하며 더 높은 고양 상태를 보여준다고 ㉯**연구진{이, 은}** 설명한다.

대부분의 한국어 모어 화자들은 위의 예문에서 적합한 조사로 ㉮와 ㉯ 모두 '은'을 선택할 것이다. 그 이유는 무엇일까? 다음의 예문을 보자.

> **예** ① 키가 큰 사람**이** 달리기를 잘한다.   (← **어떤 사람**이 달리기를 잘할까?)
> ② 키가 큰 사람**은** 달리기를 잘한다.   (← 키가 큰 사람은 **어떤 운동**을 잘할까?)

①과 ②를 어떤 질문의 대답이라 할 때 ①과 ②의 질문은 각각 괄호 속의 것과 같다. 따라서 주격조사 '이'를 사용한 ①에서는 '이'의 앞부분인 '키가 큰 사람'이 중요하고, 보조사 '은'을 사용한 ②에서는 '은'의 뒷부분인 '달리기를 잘한다'가 중요하다. 이제 이를 위의 예문에 적용해 보자. 먼저 ㉮의 경우, 주격조사 '이'를 택하면 '스트레스'를 받을 때 말수가 줄어드는 경향을 보이는 사람들이' 어떤 사람들인가 하면 '유전자 발현신호를 지닌 사람들'이라는 의미가 되고, '은'을 택하면 '스트레스를 받을 때 유전자 발현신호를 지닌 사람들이' 어떤 특징을 보이는가 하면 '말수가 줄어드는 경향을 보인다'는 것이다. 글의 문맥의 흐름으로 볼 때 전자보다는 후자가 더 적합하다. 그리고 이것은 그 다음 문장인 '그러나 ~ 더 많이 사용했다'를 통해서 더 분명해진다. 따라서 '이'보다는 '은'이 더 적합하다.

㉯의 경우도 마찬가지다. '연구진은'이라고 하면 연구진이 설명한 내용이 중요한 반면, '연구진이'라고 하면 다른 사람들이 아닌 '연구진'에 초점이 놓인다. 물론 설명이 '연구진'보다 앞에 오긴 하였으나 이것은 일종의 어순 도치이고 원 문장은 '연구진은 ~~~라고 설명한다'가 될 것이다. 따라서 이 경우에도 '이'보다는 '은'을 사용하는 것이 타당하다.

'이/가'와 '은/는'은 문장 차원을 넘어 문장과 문장과의 관계를 통해 파악해야 할 때가 있다. 다음의 예를 보자.

> **예** 예컨대 사람들{이, 은} 개인적인 위기에 직면하거나 테러 공격을 당했을 때
> 그들만의 기능어를 쓴다는 것이다.

위의 예문과 비슷한 아래 예문을 보면 '이/가'를 선택한 ①과 ②가 '은/는'을 선택한 ③과 ④보다 더 자연스럽다고 할 것이다.

예 ① 우리**는** 학교에 갈 때 교복을 입는다.

② 사람들**은** 테러 공격을 당할 때 비명부터 지르게 된다.

③ 우리**가** 학교에 갈 때 교복을 입는다.

④ 사람들**이** 테러 공격을 당할 때 비명부터 지르게 된다.

위의 문장에서 ③보다 ①이 자연스러운 것은 주어인 '우리는'은 종속절의 서술어인 '학교에 갈 때'보다 주절의 서술어인 '교복을 입는다'와 문맥상 연결이 더 자연스럽기 때문이다. 이는 ②와 ④의 관계에서도 마찬가지다. 만약 주절이 아닌 종속절이 강조되어야 할 경우에는 어떨까? 다음 예문을 보자.

예 아빠는 엄마{가, 는} 아플 때 대신 설거지를 했다.

이 경우에는 당연히 '엄마가'를 택하게 된다. 즉, '아빠가 언제 설거지를 하느냐?'라는 질문에 대해 '엄마가 아플 때'라고 답하게 되는 것이다. 이제 원문을 확장하여 보자. 아래에 보는 바와 같이 '이'를 사용하고 있음을 알 수 있다.

그러나 원문에서는 '이'를 사용하고 있다. 그것은 앞 문장과의 관계 때문이다. 다음을 보자.

예 명사와 동사 같은 '의미'를 지닌 단어들은 의식적으로 선택되는 데 비해, 기능어들은 훨씬 더 자동으로 발화되며, **그것들은 때때로 말하는 사람에게 무슨 일이 일어나는지를 명사나 동사보다 더 잘 보여준다는 것이다.** 예컨대 사람들이 개인적인 위기에 직면하거나 테러 공격을 당했을 때 그들만의 기능어를 쓴다는 것이다.

위의 밑줄 친 부분(특히 '그것[기능어]들은 때때로 말하는 사람에게 무슨 일이 일어나는지')을 통해 저자가 말하고자 하는 바는 '사람들이 개인적인 위기에 직면하거나 테러 공격을 당했을 때 어떤 말을 쓰느냐'가 아니라, '기능어를 사용할 때가 언제인가' 하는 것이다. 따라서 '사람들'의 서술어는 '위기에 직면하거나 테러 공격을 당했을 때'인 것인데, '은/는'을 사용하면 문맥의 흐름이 달라진다.

(4) 문장의 접속과 분리

문장구조상 여러 개의 문장으로 나눌 수 있을 때 그들을 각각의 문장으로 나누어 쓰느냐 아니면 하나로 묶어서 쓰느냐에 따라 독자에게 전해지는 느낌이 달라진다. 이는 마치 상의와 하의를 같은 색으로 하여 통일감을 주느냐 아니면 서로 다른 색으로 하여 각각의 색을 살리느냐의 차이와 같다. 아래의 예를 보자.

> [문장 1] 에너지 자원 고갈과 기후 변화의 부정적인 영향이 심화되고 있다.
> [문장 2] 전 세계 여러 나라들이 에너지 수요의 충족을 위해 재생 에너지 개발에
> 본격적으로 뛰어들고 있다.

> 예 ① 에너지 자원 고갈과 기후 변화의 부정적인 영향이 **심화되고 있다. 이에 따라** 전
> 세계 여러 나라들이 에너지 수요의 충족을 위해 재생 에너지 개발에 본격적으로
> 뛰어들고 있다.
> ② 에너지 자원 고갈과 기후 변화의 부정적인 영향이 **심화되면서** 전 세계 여러
> 나라들이 에너지 수요의 충족을 위해 재생 에너지 개발에 본격적으로 뛰어들고
> 있다.

문장 ①은 두 문장을 분리하되 '이에 따라'라는 연결고리를 두고 있는 반면, 문장 ②는 어미를 활용하여 하나의 문장으로 묶어서 제시하고 있다. 어떤 문장이 더 좋은 문장일까? 그리고 그것을 판단하는 기준은 무엇일까? 사실 두 문장 모두 그대로 쓴다 해도 특별히 잘못되었다고 할 곳은 없다.

그럼에도 불구하고 미묘한 차이가 있는 것이 ①과 같이 분리를 할 경우에는 상의와 하의를 다른 색으로 하여 각각의 특징을 살리려는 표현 방법인 반면, ②와 같이 하나로 묶어서 제시하는 것은 두 문장의 특징을 각각 살리기보다는 하나(여기서는 [문장 2])에 더 방점을 두고 다른 하나(즉, [문장 1])를 그 속에 묻어 가겠다는 의도가 들어 있다. 이 글 뒤에 이어지는 내용이 각 나라가 재생 에너지 개발에 뛰어들고 있는 모습을 보여주고 있음을 볼 때 예 ①보다는 예 ②의 문장이 더 효과적이다. 즉, 글쓴이는 [문장 1]의 내용인 '에너지 자원 고갈과 기후 변화의 부정적인 영향'이 어떤 것인지 또는 얼마나 심한 것인지에 대해서는 다루지 않겠다는 의도인

것이다. 그러면 언제 **예** ①과 같이 각각의 문장을 분리하여 쓰는 것이 좋은지에 대한 답은 명백해진다. 그것은 '에너지 자원 고갈과 기후 변화의 부정적인 영향'이 어떤 것인지 또는 얼마나 심한 것인지에 대해서 다룰 때인 것이다.

결론적으로 말하면, 두 문장을 분리하는 경우는 각각의 문장이 갖는 의미를 최대한 살리는 경우로, 이때는 각각의 문장에 대한 부연 설명이 있어야 한다. 반면에 두 문장을 하나의 문장으로 묶는 경우는 두 문장의 관계상 둘 다 제시하긴 하여야 하지만 그중 하나에 대해서는 본격적으로 다루지 않을 때이다.

그러면 다음과 같은 경우는 어떠한가?

> **[문장 1]** 국제에너지기구(IEA) 보고서에 따르면 2040년의 전 세계 에너지 수요는 2016년에 대비하여 30% 가량 늘어날 전망이다.
>
> **[문장 2]** 최종 에너지 소비 영역에서 전력이 차지하는 비중은 25%에 달할 것으로 예측되고 있다.
>
> **[문장 3]** 에너지 소비 증가치의 기준으로 보면 에너지 자원 중 전력이 가장 급격하게 늘어나게 되는 것이다.
>
> **[문장 4]** 지금까지 사실상 석유가 이끌었던 에너지 시장을 이제부터는 전력이 이끌게 된다는 의미가 된다.

[문장 1]과 [문장 2]는 국제에너지기구의 보고서 내용이다. 그리고 [문장 3]은 앞 두 문장의 결과로서의 결론적인 이야기이다. [문장 4]는 에너지 시장의 변화에 따른 종합적인 의미 부여이다. 이 문장들은 어떻게 묶고 어떻게 분리하는 것이 좋을까? 여러분의 의견은 무엇이고 그 근거는 무엇인가? 여러분의 판단에 따라 직접 작성하여 보자. 이때 유의하여야 할 점은 글을 묶고 분리하는 과정에서 문장부호도 필요하고 위에서 말한 지시어를 사용하여 글과 글과의 연결을 매끄럽게 하여야 한다는 것이다.

(5) 부사의 적절한 사용

부사는 문장에서 필수성분이 아니어서 고급학습자들도 큰 관심을 두지 않으며 작문이나 번역에서 실제로 사용하는 빈도도 낮다. 그러나 부사는 마치 액세서리와 같고 음식의 양념과 같은 존재이다. 액세서리는 잘만 하기만 하면 눈에 돋보이고 음식의 맛은 양념이 좌우할 정도로 중요한 것이다. 부사도 마찬가지다. 적절한 때에 적절한 곳에 나타나는 부사는 문장 전체에 생기를 불어넣어 주는 효과를 주어 글의 밋밋함에서 벗어나게 한다. 다음의 예를 보자.

> **예** ① 20세기 이 지구상에는 1000년에 한 번 나올까 말까 하는 두 천재가 있었는데,
> 그들은 아인슈타인과 피카소이다.
> ② 20세기 이 지구상에는 1000년에 한 번 나올까 말까 하는 두 천재가 있었는데,
> 그들은 **바로** 아인슈타인과 피카소이다.

위의 두 문장의 차이는 '바로'라는 부사가 있느냐 없느냐에 있는데 그로 인한 느낌은 꽤 차이가 난다. '바로'라는 부사는 '내가 생각했던 그 존재'의 의미를 가지고 있어, "20세기....두 천재가 있었는데"를 읽으면서 가졌던 '그 두 사람은 누굴까?' 하는 궁금증에 대해 독자와 긍정적으로 대화하는 느낌을 준다. 따라서 '바로'가 없는 **예** ①은 글쓴이 혼자만이 기술하는 느낌인 데 반해, **예** ②는 글쓴이가 이 글을 읽는 우리와 함께 하면서 글을 써 나가는 느낌을 준다. 바로 글쓴이 능력을 보여주는 것이다.

부사는 위와 같이 독자와 호흡을 같이 하는 기능도 하지만, 보다 근본적으로는 부사를 사용함으로써 저자가 비명시적으로나마 문장 속에 자신의 의도를 나타낼 수 있다. 다음의 **예**를 보자.

> **예** ③ 지금 당장 겪고 있는 경제침체에 대한 대책 마련도 중요하지만 좀 더 장기적인
> 시각으로 고령화 문제에 대한 대책을 세워야 한다.

위의 문장을 학생들이 역번역한 것을 보면 많은 경우 밑줄 친 '좀 더'를 빼고 번역한다는 것을 알 수 있다. 사실 이 부분을 빼고 번역한다고 하여 문제가 되는 것은 아니다. 물론 글쓴이도 별 생각 없이 습관적으로 넣었을 수도 있다. 문제는 왜 '장기적인'이라는 말 앞에 습관적으로라도 '좀 더'가 왜 들어갔을까 하는 것이다. 다시 말해 이 문장에서 또는 또 다른 문장에서 '좀 더'가 갖는 의미는 무엇일까 하는 것이다.

그것은 위의 문장에서 '경기 침체에 대한 대책 마련'이 무엇보다 중요하여 '고령화 문제에 대한

대책'까지 마련할 여유가 없음을 인정한다는 작가의 의도와, 그런 현실임에도 불구하고 '고령화 문제'에 대해 관심을 가지지 않으면 앞으로 적지 않은 문제가 발생할 것임을 미리 알려주고자 하는 작가의 의도가 어우러져 있는 것이다. 이렇게 볼 때 겉으로는 아무런 기능을 하지 못해 쓰지 않아도 될 것 같던 '좀 더'가 매우 중요한 기능을 하고 있음을 알 수 있다.

> 부사가 없다고 해서 문장이 비문이 되거나 오류문이 되지는 않지만 좀 더 자세한 의미 전달을 위해 필요가 경우가 있다. 문장 구성 상에서 필수성분이 아니더라도 적절한 상황에서 부사를 효과적으로 사용할 수 있어야 좋은 문장을 쓸 수 있다. 따라서 번역을 잘하려면 부사의 중요성과 그 용법을 익혀 번역시에 누락되는 일이 없도록 하여야 한다.

(6) 글쓰기에서의 객관적인 표현

글을 쓰는 이유는 자기의 생각을 전달하기 위한 것이고, 좋은 글은 많은 사람이 공감해 주는 글이다. 사람들마다 생각이 다르기 때문에 글을 쓸 때에는 공감을 많이 받을 수 있는 전략이 필요하다. 그러한 전략 중의 하나는 자신의 의견을 전달할 때 객관적인 입장을 취하는 것이다. 즉, 자신의 주장을 살짝 누그러뜨려 마치 여러 타당한 견해 중의 하나인 것처럼 제시하는 것이다. 한국어에는 이런 것을 가능하게 하는 표현들이 있기 때문에 그런 정형화된 표현들을 익혀서 사용할 수 있어야 보다 수준 높은 글쓰기가 되고 좋은 번역이 될 수 있다. 다음의 **예**를 보자.

> **예** ① 갈수록 늘어나는 주거비 부담을 줄이기 위해 셰어하우스와 같은 공동주택을 선택한다.
> ② 갈수록 늘어나는 주거비 부담을 줄이는 방법은 셰어하우스와 같은 공통주택이다.
> ③ 갈수록 늘어나는 주거비 부담을 줄이는 **하나의 방법**이 셰어하우스와 같은 공동 주택**이라 할 것이다.**

위의 예에서 학생들의 역번역인 ①과 ②는 매우 단정적인 표현인 반면, ③은 매우 부드러운 표현이다. ③이 부드러움을 가질 수 있는 이유는 두 가지로 하나는 '하나의 방법'이라는 표현이고 다른 하나는 '~이라 할 것이다'의 표현이다. '하나의 방법'이라는 표현을 통해 독자의 생각과 다름을 피해갈 수 있고, '~이라 할 것이다'라는 표현을 통해 확언을 피해가고 있다. 그런데 ①과 ②에서는 이러한 표현이 존재하지 않아 매우 단정적인 느낌을 준다. 물론 언어에 따라서는 ①과 ②와 같은 단정적인 표현을 선호하기도 하겠지만 한국어에서는 ③과 같은 표현을 선호한다. 또 하나의 **예**를 보면 아래와 같다.

> **예** ④ 초급 학습자에게도 발음의 유창성이 중요하다.
>
> ⑤ 초급 학습자에게도 발음의 유창성이 중요하다고 하겠다.
>
> ⑥ 초급 학습자에게도 발음의 유창성이 중요하다고 할 수 있다.
>
> ⑦ 초급 학습자에게도 발음의 유창성이 중요하다고 할 수 있겠다.

예 ④, ⑤, ⑥, ⑦은 문장의 종결을 다르게 한 것들이다. ④는 매우 단정적인 표현인 반면 나머지 셋은 단정적인 느낌을 피한 표현이다. 이 외에도 아래와 같이 '-(으)로 보인다'를 이용하여 나타낼 수도 있다.

> **예** ⑧ 초급 학습자에게도 발음의 유창성이 중요한 것으로 보인다.

'~이라 할 것이다, ~겠다, ~다고 할 수 있(겠)다, ~다고 본다, ~(으)ㄴ 것으로 보인다' 등과 같은 표현들은 글을 쓰는 사람이 다른 사람에게 자신의 생각(의견)을 전달할 때 상대방이 거부감이 생기지 않도록 객관적인 거리를 유지하게 해 주는 표현방식이다.

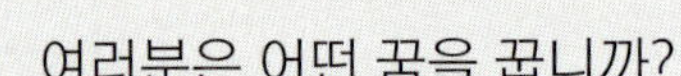

1과

꿈들의 사전

1. 여러분은 어떤 꿈을 꿉니까?

2. 꿈이 실현될 수 있을까요?

3. 꿈을 이루기 위해 지금 여러분은 무엇을 하고 있습니까?

1 **도입**

1. 아래의 단어와 표현의 의미를 여러분의 모국어로 알아봅시다.

한국어	모국어
도래하다	
개념	
정의되다	
분류하다	
어불성설	
백일몽	
담화	
비정상적	
열중하다	
무목적	
몽상	
구축하다	
선입견	
과감하다	
삭막하다	
도피	
역류하다	
환멸	
되새김질	
성찰	
냉엄하다	

꿈들의 사전

새해가 왔다. 새해가 오면 누구나 꿈을 꾼다. 도래할 시간의 숫자들만이 가득한 캘린더가 스케치북인 듯 그 위에 새로운 한해의 꿈들을 그려 넣는다. 누구나 저마다의 꿈이 있고 그 꿈들은 서로 얼굴이 다를 것이니 캘린더 위에 그려지는 꿈들의 그림도 참으로 다양하리라. 사실 꿈이란 애초에 하나의 개념으로 정의될 수 없는 것이다. 그럼에도 그 무수한 꿈들을 분류해서 하나의 사전을 만들어 본다면 어떤 꿈들의 사전이 만들어질까?

우선 밤에 꾸는 꿈과 낮에 꾸는 꿈이 있다. 하기야 꿈은 잠 속의 세상이니까 낮의 꿈이라는 생각 자체가 어불성설처럼 여겨진다. 하지만 꿈이 반드시 잠 속에서만 존재하는 건 아니다. 사실 우리는 낮에 깨어서 더 많은 꿈들을 꾸는지 모른다. 사람들은 그걸 근거 없는 백일몽이라고 부르지만, 백일몽이 반드시 덧없고 비정상적 현상인 건 아니다. 거리를 걸으면서, 차 안에서, 카페에서, 심지어 비즈니스 담화에 열중하는 사이에도 우리는 쉼 없이 눈앞의 목적과 상관없이 혼자서 흘러가는 무목적적 생각들, 몽상들의 흐름을 따라가지 않는가. 많은 생의 진실들이 그 꿈들 안에 간직되어 있는지 모를 일이다.

또 개인의 꿈과 집단의 꿈이 있다. 꿈은 일반적으로 개인이 내밀하게 자기 안에 품은 소망으로 정의되지만, 그 꿈들이 과연 사적이고 개인적이기만 한 걸까. 누군가는 세상 사람들의 꿈들을 다 모아서 한 권의 책을 만들면 우리가 다 같이 무의식적으로 꿈꾸는 다른 세상의 지도가 만들어질지도 모른다고 말한 바 있었다. 장 보드리야르는 우리가 현실이라고 부르는 세상이 '상상된 현실의 세상'일 뿐이라고 말한 바 있다. 장자의 유명한 '호접몽'도 꿈과 현실에 대한 선입견을 뒤집는 과감한 상상력을 보여주는 것이다.

또 자연의 꿈과 도시의 꿈을 구분해 볼 수 있다. 일반적인 공간 상상력은 도시는 삭막하고 자연 안에는 꿈이 있다고 이분화한다. 그래서 도시 안에 갇혀 지내는 이들은 누구나 자연에 대한 동경이 있고 그 동경은 아마도 꿈을 꿀 수 있는 공간에 대한 그리움이기도 할 것이다. 하지만 꿈이 반드시 현실의 외부로 상징되는 자연 안에만 있는 것은 아니다. 꿈은 오히려 우리가 갇혀서 살아가는 일상적 삶의 공간인 대도시 곳곳에 포진해 있기도 하다. 자연을 향한 꿈이 소극적 도피라면 도시 안에서의 꿈은 적극적인 현실의 변화를 꾀하는 꿈이다. 그런 점에서 도시에서의 꿈은 일종의 '정치적 무의식'의 발현일 수도 있다.

끝으로, 과거로 향하는 꿈과 미래로 향하는 꿈을 생각해 볼 수 있다. 물론 꿈의 본질은 언제나

불행했던 과거가 아니라 새로운 삶의 기획이 가능한 미래의 시간으로 향하는 소망이다. 하지만 과거로 역류하는 꿈, 지나간 시간들을 또 한 번 되새김질하는 기억이라는 꿈도 있다. 과거의 시간들에 대한 냉엄한 질문과 성찰 없이 내일의 새로운 꿈이 기획되고 실현될 수 있을까. 과거의 꿈들이 역사 속에서 왜 매번 배반당하고 무너질 수밖에 없었는지, 우리가 품었던 미래에 대한 간절한 꿈들이 왜 더 나쁜 환멸만을 가져다주었는지 기억하고 묻지 않은 채 그려지는 미래의 꿈은 또 한 번 반복되는 불행한 과거가 될 뿐이다.

사람은 누구나 꿈을 꾸면서 산다. 아마도 그 꿈의 가능성은 개인의 꿈과 집단적 꿈, 나의 꿈과 공동체의 꿈이 서로를 발견하는 그 어떤 연결선 위에 있을 것이다. 그 연결선의 영역, 거기가 진정한 꿈의 고향이고 꿈들도 모두 그곳으로 돌아가고 싶으리라.

김진영, 『꿈들의 사전』에서 발췌

3 어휘 및 표현 연습

1. 아래의 문장에 알맞은 표현을 골라 쓰십시오.

과감한 상상력	삶의 공간	현실의 변화	성찰 없이

1) 남들이 생각하지 못하는 ＿＿＿＿＿＿＿＿＿＿＿을/를 발휘해야만 창의적이고 독창적인 발명품이 탄생한다고 한다.

2) 성공한 사람들은 실패한 일들에 대해 자기 스스로 되돌아보는 ＿＿＿＿＿＿＿(는) 성공할 수 없다고 말한다.

3) 과학기술의 발전으로 사회는 빠르게 변하고 있으므로 ＿＿＿＿＿＿＿을/를 빨리 받아들이고 현실에 적응하기 위한 노력이 필요하다.

4) 집이란 단순히 잠을 자는 등의 생활을 하기 위한 공간이 아니라 신체적, 정신적으로 휴식을 줄 수 있는 안정된 ＿＿＿＿＿＿＿이/가 되어야 한다.

2. 아래 제시된 용언과 관계없는 것을 고르십시오.

1) 꾀하다
   ① 변화　　　② 역모　　　③ 발전　　　④ 재주　　　⑤ 교란

2) 뒤집다
   ① 예상　　　② 정권　　　③ 승부　　　④ 사고력　　　⑤ 선입견

3) 품다
   ① 소망　　　② 의문　　　③ 앙심　　　④ 현실　　　⑤ 호기심

4) 발견하다
   ① 자아　　　② 빈틈　　　③ 오류　　　④ 계획　　　⑤ 가능성

3. 문장에서 둘 중 알맞은 것을 고르십시오.

1) 백일몽이 반드시 덧없고 (부정상적, 비정상적)인 현상인 것은 아니다.

2) 우리가 (무의식적으로, 비의식적으로) 꿈꾸는 다른 세상의 지도가 만들어질지도 모른다.

3) 과거에 대한 성찰 없이 새로운 삶의 기획은 (비가능하다, 불가능하다).

4) 그의 주장은 (비현실적, 무현실적)이어서 다른 사람들에게 받아들여지지 않았다.

5) 한 번쯤은 특별한 계획을 세우지 않고 발길 가는 대로 가는 (무목적의, 비목적의) 여행을
   하고 싶다.

4. 용언에 따라 달라지는 조사에 주의하면서 [보기]와 같이 문장을 바꿔 써 봅시다.

> [보기] 적은 금액이라도 모이면 큰 돈이 된다.
>
> ➡ 적은 금액이라도 모으면 큰 돈이 된다.

1) 많은 생의 진실들**이 간직되어** 있는지 모를 일이다.

   ➡ ____ .

2) 내일의 새로운 꿈**이 기획되고 실현될** 수 있다.

   ➡ ____ .

3) 하나의 사전을 만들어본다면 어떤 꿈들의 사전**이 만들어질까?**

   ➡ ____ .

5. 아래 표현에서 여섯 개를 골라 문장을 만들어 봅시다.

-에 열중하다	**-을/를** 모으다	**-(으)로** 정의되다	**-을/를** 뒤집다
-처럼 여겨지다	**-(으)로** 상징되다	**-에** 포진하다	**-을/를** 꾀하다
-에 품다	**-에** 간직하다	**-을/를** 분류하다	**-을/를** 구분하다

1) ____ .

2) ____ .

3) ____ .

4) ____ .

5) ____ .

6) ____ .

1. 꿈은 일반적으로 개인이 내밀하게 자기 안에 품은 소망으로 정의되지만 그 꿈들이 과연 개인적이기만 한 걸까?

> **과연 -(으)ㄹ까:** 스스로에게 질문하거나 의심이 들 때 확인하기 위해 하는 질문형식으로 다른 사람에게 대답을 요구하는 것은 아니다. 묻는 사람이 스스로 답을 하기도 하고 질문 형식을 취함으로써 관심을 집중시키는 효과가 있다.

• 사람은 자기가 느끼거나 알고 있는 것을 말이나 글로 나타낸다. 그러나 말이나 글이 사람의 사상이나 감정을 과연 제대로 담아낼 수 있을까?

연습 ____.

2. 많은 생의 진실들이 그 꿈들 안에 간직되어 있는지 모를 일이다.

> **-(으)ㄴ/ㄹ지 모를 일이다:** ~(으)ㄹ 가능성이 있다, ~(으)ㄹ 수도 있다

• 경쟁 회사에서 언제 더 좋은 상품을 내놓을지 모를 일이므로 신제품 출시를 서둘러야 한다.

연습 ____.

3. 우리가 현실이라고 부르는 세상이 사실은 상상된 현실의 세상일 뿐이다.

> **~N(이)ㄹ 뿐이다:** 그 이상도 그 이하도 아니고 그냥 ~이다

• 직업의 높고 낮음 즉, 직업에 귀천은 없다. 다만 각자 하는 일이 다를 뿐이다.

연습 ____.

4. 백일몽이 반드시 덧없고 비정상적 현상인 건 아니다.

> **반드시 ~는 것은 아니다:** 부분 부정으로 일부는 ~이고 일부는 ~가 아니다

• 책은 반드시 많이 읽는다고 좋은 것은 아니다.

연습 ____.

 다음 문장을 모국어로 번역해 보십시오.

1. 꿈은 일반적으로 개인이 내밀하게 자기 안에 품은 소망으로 정의되지만, 그 꿈들이 과연 사적이고 개인적이기만 한 걸까.

➡ ____

____.

2. 사실 꿈이란 애초에 하나의 개념으로 정의될 수 없는 것이다. 그럼에도 그 무수한 꿈들을 분류해서 하나의 사전을 만들어본다면 어떤 꿈들의 사전이 만들어질까?

➡ ____

____.

3. 자연을 향한 꿈이 소극적 도피라면 도시 안에서의 꿈은 적극적인 현실의 변화를 꾀하는 꿈이다.

➡ ____

____.

4. 누구나 저마다의 꿈이 있고 그 꿈들은 서로 얼굴이 다를 것이니 캘린더 위에 그려지는 꿈들의 그림도 참으로 다양하리라.

➡ ____

____.

요약하기

개념

'요약하기'란 글의 내용을 핵심적인 내용과 지엽적인 내용으로 구분하여 주로 그 핵심적인 내용을 중심으로 간략히 옮기는 것이다.

원리

- 선택과 삭제의 원리: 덜 중요한 부분, 반복되는 부분은 삭제한다.
  글 전체의 주제문과 주요단락의 주제문은 빠뜨리지 말아야 한다.
- 대치의 원리: 하위 개념들은 포괄적인 상위 개념으로 대치한다. 구체적인 것을 일반화하는 것이다.
- 재구성의 원리: 주제문이 명시적이지 않을 때 스스로 창출할 수 있어야 한다. 그뿐 아니라 내용을 이해한 후 자신의 문장으로 표현할 줄 알아야 잘 된 요약이라고 할 수 있다.

방법

- 한 문장 안에서 단어를 줄이는 방법:
  - 독립어, 접속사, 수식어, 군더더기를 뺀다.
  - 같은 말이 반복되는 경우 하나만 남긴다.
  - 비슷한 여러 어구를 상위 개념 하나로 줄인다.
- 단락에서 문장을 줄이는 방법:
  - 각 단락에서 중심문장을 찾는다.
  - 중심문장에 쓰인 어휘가 이해하기 어렵다면 뒷받침 문장에서 좀 더 분명한 어휘를 찾는다.

긴 글 요약하는 순서

① 핵심어 찾기

② 각 단락의 중심문장 찾아 표시하기

③ 각 단락의 핵심어, 중심문장을 중심으로 요약하기

④ 각 단락의 요약한 글을 연결하기

⑤ 자신의 문장으로 재구성하기

주의

① 자기 생각에 따라 내용을 가감하거나 왜곡해서는 안 된다.

② 문장이 길 때는 문장을 여러 개로 나누어 놓아야 이해하기 쉽다.

③ 한 번에 요약하려고 하지 말고, 글 전체를 몇 단락으로 나누어 요약해야 한다.

1. 대치(하위 개념들을 상위개념으로 대치)

국내 여성들에게 선풍적 인기를 끌고 있는 SKⅡ나 프랑스 메이커 **랑콤** 등 외제브랜드, 다른 국내 브랜드 **화장품** 역시 **아모레퍼시픽**의 경우와 크게 다르지 않다. 소비자들이 지불하는 **화장품** 가격에 거품이 많이 끼어 있다는 것이다. 화장품 업계 다른 관계자는 "고가 수입 화장품의 스킨, 로션 등 기초화장품의 제조원가는 판매가격의 5~6%도 있다"며 "10만 원에 판매되는 아이섀도는 제조원가가 100원이 안 되는 것도 있는 것으로 알고 있다"고 설명했다.

많은 화장품 회사들이 제조원가에 비해 비싼 가격에 제품을 판매하고 있다.

 연습

박쥐는 눈이 작을 뿐만 아니라 사물을 잘 구별하지 못하기 때문에 성대를 이용하여 소리를 만들어 낸 뒤 그 소리가 사물에 부딪혀 되돌아오는 것을 귀로 듣는 특징이 있다. 물고기의 특징은 눈에 눈꺼풀이 없다는 것이다. 그래서 잠을 잘 때도 눈을 뜨고 잔다. 잠자리의 경우를 보면 잠자리의 눈은 수만 개의 작은 눈으로 이루어져 있어서 멀리 있는 물체도 금방 알아챌 수 있다는 특징을 가지고 있다.

2. 선택과 삭제(비유적으로 설명한 부분)

우리가 화학을 공부해 보면 개별 원소가 있고 물질은 그 원소들의 결합으로 이루어진다는 것을 알 수 있다. 그리고 같은 원소들을 결합시킨다 허더라도 어떻게 결합시키느냐에 따라 다른 물질이 된다. 말소리도 이와 유사하다. 하나의 원소로 구성된 말소리도 있고, 몇 개의 원소가 결합하여 이루어진 말소리도 있다. 그리고 말소리의 친소 관계는 서로 공통적인 구성 원소가 있는 두 소리는 가까운 소리가 되고, 공통적인 원소가 없는 소리는 별로 관계가 없는 소리가 된다.

말소리는 하나의 원소로 구성된 말소리도 있고, 몇 개의 원소가 결합하여 이루어진 말소리도 있다. 그리고 말소리의 친소 관계는 공통적인 구성 원소가 있는 두 소리는 가까운 소리가 되고, 공통적인 원소가 없는 소리는 별로 관계가 없는 소리가 된다.

 연습

가족의 유형은 구성하는 가족원의 세대 수에 따라 달리 나타난다. 즉 가족이 한 세대와 사람들로 구성된 부부만 있을 경우는 1세대 가족이라고 하고, 부모와 그 자녀 등의 두 세대로 구성되는 경우를 2세대 가족이라 한다. 1세대 가족과 2세대 가족은 핵가족이라고도 한다. 그리고 조부모와 부부, 그 자녀가 같이 세 세대로 구성되는 경우는 3세대 가족이라고 하며 3세대 직계가족이라고 한다.

3. 재구성하기

먼저, 부가 설명하는 문장 지우기

다음, 두 가지 비교의 글인 경우 공통점이나 차이점 부각시키기

> 미술관과 갤러리의 겉모습은 매우 닮아 있다. 하지만 이 두 전시 공간은 매우 확연한 차이가 있다.
>
> 갤러리는 간단히 말해서 작품을 전시하고 판매하는 곳이다. ~~갤러리는 미술품 판매를 통한 수익 창출을 주 목적으로 하는 영리 기관이기 때문에 전시 작품 중에서 마음에 드는 것을 구매할 수도 있고, 역으로 가지고 있는 작품을 팔 수도 있다.~~
>
> 미술관이 갤러리와 가장 크게 차이 나는 점은 비영리 기관이라는 점이다. ~~큰 말인즉슨, 미술관은 돈을 벌 목적으로 작품을 파는 곳이 아니라는 뜻이다.~~ 미술관은 작품을 전시하고, 관람객들이 전시와 작품을 잘 이해하도록 프로그램을 운영하는 것이다. 프로그램을 통해 미술에 대한 다양한 경험을 제공하는 것은 미술관과 갤러리의 가장 큰 차이점이라고 할 수 있다.

(핵심어, 중심문장 중심으로 1차 요약하기)

> 미술관과 갤러리의 겉모습은 매우 닮아 있다. 하지만 ~~이 두 전시 공간은 확연한~~ 차이가 있다. 갤러리는 ~~간단히 말해서~~ 작품을 전시하고 판매하는 영리기관이다.
>
> 미술관이 갤러리와 가장 크게 차이 나는 점은 비영리 기관이라는 점이다.
>
> 미술관은 작품을 전시하고, 관람객들이 전시와 작품을 잘 이해하도록 프로그램을 운영하는 것이다. ~~프로그램을 통해 미술에 대한 다양한 경험을 제공하는 것은 미술관과 갤러리의 가장 큰 차이점이라고 할 수 있다.~~

(지운 부분을 빼고 남은 문장들 재구성하기)

> 미술관과 갤러리의 겉모습은 매우 닮아 있지만 차이가 있다.
>
> 갤러리는 작품을 전시하고 판매하는 영리 기관인 반면에 미술관은 비영리 기관이다. 미술관이 작품을 전시하고, 관람객들이 작품을 잘 이해하도록 프로그램을 운영하는 것이 갤러리와의 가장 큰 차이점이다.

※ 앞의 읽기 텍스트를 여러분의 모국어로 번역해 봅시다. 걸린 시간: __________분

제목:

※ 여러분의 모국어로 번역한 텍스트를 한국어로 역번역해 봅시다.　　　걸린 시간: ________ 분

100

200

300

400

500

600

700

800

사례1　양태 표현 '-(으)리라' 누락

원문

누구나 저마다의 꿈이 있고 그 꿈들은 서로 얼굴이 다를 것이니 캘린더 위에 그려지는 꿈들의 그림도 참으로 다양하**리라**.

학생

① 사람마다 저마다의 꿈이 있는 것처럼 그 꿈들이 서로 색깔이 다를 것이니 캘린더 위에 그려지는 꿈들의 그림도 참으로 다양다색**이다**.

② 누구나 저마다의 꿈이 있고 이 꿈들이 서로 다른 얼굴이 있으니 캘린더 위에 그려지는 꿈의 그림도 참 다양**하다**.

③ 누구나 저마다 꿈이 있고 그 꿈들이 각각 다른 얼굴을 가지고 있는 것이니 달력 위에 그려지는 꿈들이 아주 다양**할 것이다**.

➡ 원문에서는 글쓴이의 의견이 드러나 있다. 양태 표현인 '-(으)리라'를 통해 글쓴이가 자신이 추측하는 감정을 드러내고 있으나 학생들의 ①, ② 문장은 '다양다색이다, 다양하다'로 번역되어 사실을 단정적으로 전달하는 느낌이 있다. ③번 문장은 추측의 '-(으)ㄹ 것이다' 표현을 사용하여 글쓴이의 감정이 드러난다.

사례2　'-아/어지다' 누락과 조사 오류

원문

누군가는 세상 사람들의 꿈들을 다 모아서 한 권의 책을 만들면 우리가 다 같이 무의식적으로 꿈꾸는 다른 세상의 지도**가** 만들**어질**지도 모른다고 말한 바 있었다.

학생

① 무의식적으로 꿈을 꾸는 다른 세상의 지도**를 만들** 수 있을지도 모른다고 말한 바 있었다.

② 무의식적으로 꾸는 꿈들이 다른 세상의 지도**가 될지** 모른다.

③ 무의식적으로 꿈을 꾸는 다른 세상의 지도**를 만들** 수 있을지도 모른다.

➡ 모국어로 번역을 했다가 다시 한국어로 번역을 하는 과정에서 원문에 있는 '-아/어지다' 피동 표현을 인식하지 못하고 그냥 타동사 '-N을 만들다'와 같이 능동문으로 쓰기도 하고 피동의 단순한 형태인 '-가 되다'를 사용하는 것을 볼 수 있다.

언어와 심리 상태의 연관성

1. 기분이 좋을 때 우리의 언어와 기분이 우울할 때 우리의 언어가 다를까요?

2. 사람마다 언어를 사용할 때 나타나는 특징이 있을까요?

3. 사람의 심리와 그 사람이 사용하는 언어는 어떤 관계가 있을까요?

1 도입

1. 아래의 단어와 표현의 의미를 여러분의 모국어로 알아봅시다.

한국어	모국어
사고	
심리	
내재되다	
연구진	
적합하다	
기능어	
관련성	
실질적	
내용어	
반영하다	
테러	
동시대	
부인하다	
객관성	
내향적	
빈번하다	
우울증을 앓다	
우울증에 빠지다	
초점을 두다	
안정을 찾다	
객관성을 담보하다	

언어와 심리 상태의 연관성

　누구나 잘 알듯이 언어와 사고는 서로 밀접한 관련이 있다. 그렇기 때문에 인간은 사실 전달의 수단과 함께 자신의 사고를 드러내는 방법으로도 언어를 사용하고 있다. 그런데 최근에 사람들이 사용하는 언어가 그 사람의 사고뿐만 아니라 심리 상태도 표현한다는 연구결과가 나왔다.

　심리학자 페니베이커(Pennebaker) 교수와 여러 연구자들은 언어와 인간 심리 상태의 관계에 대해 몇 가지 연구를 진행하였는데, 일상적 상황에서 표출된 말이나 대화가 그 사람의 심리 상태를 분석하기에 적합하다고 보았다. 그들은 연구 대상자들에게 일상생활의 대화를 녹음하게 한 후 그 음성 파일을 여러 각도에서 분석하였다. 그 결과 사람들의 심리 상태가 그들이 사용하는 단어와 밀접한 관계가 있음이 밝혀졌다. 여러 단어 중에서도 특별히 기능어가 사람의 심리 상태와 성격을 잘 보여준다는 흥미로운 결과가 나타났다. 실질적인 의미를 가지고 독립적으로 사용되는 명사, 동사, 형용사 같은 내용어와 달리, 기능어는 문법적인 기능을 하는 것으로 접속사나 대명사, 또는 한국어의 조사 같은 것들이 이에 속한다. 그들이 기능어 분석에 초점을 둔 이유는 기능어가 바로 언어 습관을 반영하기 때문이라고 한다.

　페니베이커 교수와 그 연구진은 우울증에 빠져 삶이 힘들었던 시인들의 시와 그렇지 않은 시인들의 시를 언어적 관점에서 살펴보았다. 우울증을 앓았던 9명 시인들의 작품 중 약 300편을 대상으로 분석한 결과, 그들은 동시대의 다른 시인들보다 개인 자신에 대한 단어인 'I, my' 등 1인칭 대명사의 사용 빈도는 높은 반면에 복수인 'we, our' 등의 사용 빈도는 낮았다고 한다. 이와 같은 연구를 통해 알 수 있는 것은 기능어는 그 자체로는 특별한 의미가 없지만 말하는 사람이 어떤 심리 상태에 놓여 있는지를 보여준다는 것이다. 이와 같이 개인적인 심리 상태뿐만 아니라, 사회 전체의 심리 상태도 사람들의 언어 사용을 통해서 알 수 있다고 한다. 즉, 사람들이 평상시에 사용하는 언어와 사회적 위기 상황일 때 사용하는 언어의 비교를 통해 사회 전체의 심리 상태도 어느 정도 파악할 수 있다는 것이다. 연구진은 평상시의 음성 언어와 9.11 테러 사건 직후의 음성 언어를 비교 분석한 결과, 사회적 위기 상황에서는 사람들 간의 언어 교환량이 크게 증가할 뿐만 아니라, 원인이나 결과를 표현하는 'why, because'와 같은 단어 사용이 급격하게 증가하였다는 사실을 밝혀냈다. 이러한 사실은 평상시에는 개인적인 생활을 하다가 사회적인 위기 상황에서는 사회 집단 속에서 상황의 원인을 분석하고 안정을 찾으려는 심리로 해석된다는 것이다.

　대학생들을 대상으로 한 그들의 또 다른 연구에 따르면 언어 사용과 개인의 성격과의 관련성도 볼 수 있는데, 내향적인 성격의 사람들은 외향적인 성격의 사람들에 비해 1인칭 대명사의 사용이 빈번할 뿐만 아니라, 인과 관계를 추론하는 경향이 있어 'because, hence'와 같은 단어의 사용이 많았다고 한다. 또한 성격이 불안정한 사람은 긍정적인 의미의 단어보다 부정적인 정서를 표현하는 단어의 사용 빈도가 높고 문장 당 단어 수가 적어져 단순한 문장이 많이 나타났다고 설명하였다.

우리가 일상생활 속에서 사용하는 언어는 단순한 의사소통의 수단일 뿐만 아니라. 그 속에는 우리의 심리 상태와 성격은 물론이고, 더 나아가 사회적 심리 상태까지 내재되어 있는 것이다. 물론, 그러한 실험들은 언어에 내재된 개인과 사회의 심리적 상태를 과학적인 방법으로 논증하기는 결코 쉽지 않고, 그 해석에 있어서도 객관성을 담보하기 어렵다는 한계가 있음은 부인할 수 없다. 그런 점에서 기능어를 포함한 언어 사용이 사람들의 심리 상태와 밀접한 관련이 있음을 더 분명하게 보여주는 후속 연구가 나와야 할 것이다.

3 어휘 및 표현 연습

1. 아래의 문장에 알맞은 표현을 골라 쓰십시오.

음성 파일	위기 상황	사용 빈도	인과 관계

1) 숙면을 취하지 못하면 다음 날 불안 수위가 최고 30% 상승한다는 연구 결과가 나와서
   수면과 불안한 감정 사이의 과학적 ＿＿＿＿＿＿＿＿＿＿이/가 처음으로 확인되었다.

2) 사람들은 ＿＿＿＿＿＿＿＿＿을/를 겪을 때 지도자의 능력과 판단이 얼마나
   중요한지를 알게 된다.

3) 한 언어에서 ＿＿＿＿＿＿＿＿이/가 높으며, 정상적인 사회생활을 유지하기 위하여 필요한
   단어를 기본 단어라고 하는데, 외국어를 배울 때 기본 단어를 먼저 공부하는 것이 좋다.

4) 스마트폰은 예전 휴대전화와 달리 카메라와 mp3 기능까지 가지고 있어서 목소리나
   사진을 저장할 수 있고 ＿＿＿＿＿＿＿＿＿ 뿐만 아니라 동영상 전송도 가능하다.

2. 아래에 제시된 단어와 어울리지 않는 하나를 고르십시오.

1) 초점

　① 흐리다　　　② 맞추다　　　③ 벗어나다　　　④ 사용하다

2) 원인

　① 밝히다　　　② 진행하다　　　③ 밝혀지다　　　④ 규명하다

3) 한계

　① 정하다　　　② 다다르다　　　③ 예방하다　　　④ 극복하다

4) 위기

　① 넘기다　　　② 수립하다　　　③ 직면하다　　　④ 벗어나다

3. 아래의 단어를 사용하여 문장을 만들어 봅시다.

추론하다	분석하다	논증하다	담보하다	빈번하다

1) ____.

2) ____.

3) ____.

4) ____.

5) ____.

4. 아래 표현에서 여섯 개를 골라 문장을 만들어 봅시다.

-에 발표되다	**-을/를** 대상으로	**-(으)로** 해석되다
-을/를 분석하다	**-을/를** 통해	**-은/는** 물론이고
-에 초점을 두다	**-와/과** 관련되다	**-에** 빠지다

1) ____ .

2) ____ .

3) ____ .

4) ____ .

5) ____ .

6) ____ .

5. 아래의 문장을 뜻이 달라지지 않는 범위에서 다른 표현을 쓰거나 문장 구조를 바꾸어 써 봅시다.

1) 그들이 기능어 분석에 초점을 둔 이유는 기능어가 언어 습관을 반영하기 때문이라고 한다.

➡ 기능어가 언어 습관을 반영하기 때문에 ______________________________

____ .

2) 누구나 잘 알고 있듯이 언어와 인간의 사고는 서로 밀접한 관련이 있다.

➡ 언어와 인간의 사고가 ____

____ .

1. 사람들이 사용하는 언어가 그 사람의 사고뿐만 아니라 심리 상태도 표현한다는 연구 결과가 나왔다.

> **-다는 연구 결과가 나오다:** 실험이나 조사한 결론을 설명할 때 사용한다.

- 매일 같은 시간에 식사를 하는 것이 치매를 퇴치하는 데 도움이 된다는 연구 결과가 나왔다.

연습

2. 그 결과 사람들의 심리 상태가 그들이 사용하는 단어와 밀접한 관계가 있음이 밝혀졌다.

> 그 결과 ~(으)ㅁ이 밝혀졌다.

- 서울시에서 초등학교 다섯 곳의 교실 공기 오염 정도를 조사하였다. 그 결과 초등학생들이 실외보다 교실 내에서 공기 오염에 더 많이 노출되어 있음이 밝혀졌다.

연습

3. 심리적 상태를 과학적인 방법으로 논증하기는 결코 쉽지 않고, 그 해석에 있어서도 객관성을 담보하기 어렵다는 한계가 있음은 부인할 수 없다.

> **객관성을 담보하다:** 객관적으로 믿을 수 있다.

- 인터넷에 있는 여러 정보들이 도움이 되기도 하지만 책을 통해 얻는 정보가 객관성을 담보할 수 있다고 본다.

연습

✐ 다음 문장을 모국어로 번역해 보십시오.

1. 그들은 연구 대상자들에게 일상생활의 대화를 녹음하게 한 후 그 음성 파일을 여러 각도에서 분석하였다.

   ➡

2. 성격이 불안정한 사람은 긍정적인 의미의 단어보다 부정적인 정서를 표현하는 단어의 사용 빈도가 높고 문장 당 단어 수가 적어져 단순한 문장이 많이 나타났다고 설명하였다.

   ➡

3. 그들이 기능어 분석에 초점을 둔 이유는 기능어가 언어 습관을 반영하기 때문이라고 한다.

   ➡

4. 우리가 일상생활 속에서 사용하는 언어는 단순한 의사소통의 수단일 뿐만 아니라 그 속에는 우리의 심리 상태와 성격은 물론이고, 더 나아가 사회적 심리 상태까지 내재되어 있는 것이다.

   ➡

자주 사용되는 특징적인 표현

실험, 연구 결과 보고서에 **자주 사용되는** 특징적인 표현

대상 정의	• ~다는 연구결과가 나오다 • N에서 ~다고 밝히다 • ~다는 주장이다
실험방법 및 과정	• ~(실험)에 응하다 • ~을/를 대상으로 분석한 결과 ~다고 한다 • ~에 관한 연구이다 • ~와 비교, 분석하다
실험 결과	• ~가 ~에 영향을 끼치다 • (연구진)은 ~는 것을 알아내다/ 발견하다 • ~는 것을 잘 보여주다 • ~는 경향을 보이다 • ~는 것으로 볼 수 있다/ 풀이되다
결론	• ~는 것이 이번 연구의 요지인 듯하다 • 후속 연구에서 더 검증된다면 ~(으)ㄹ 것으로 보인다

🖉 위의 표현들을 사용하여 문장을 완성해 보십시오.

1) _________________________________ 는 연구 결과가 나왔다.

2) _________________________________ 다는 주장이다.

3) _________________________________ 에 관한 연구이다.

4) _________________________________ 경향을 보인다.

5) _________________________________ 것으로 볼 수 있다.

6) _________________________________ 다는 것을 발견했다.

7) _________________________________ 것이 이번 연구의 요지인 듯하다.

최초의 생명체 출현은 약 40억 년 전에서 35억 년 전 사이로 다양하게 추측되고 있었다. 그러나 최근 지구상에 처음 생명체가 등장한 시기가 40억 년 전이라는 연구 결과가 나왔다. 미국 국립과학원회보(PNAS)는 호주 서쪽 부근에서 발견된 미(微)화석이 최초의 생명체에 대한 직접적인 증거가 될 가능성이 높다는 내용을 알렸다.

〈표현〉 ~라는 연구결과가 나왔다

~다는 내용을 알리다

- 우유가 세포 노화를 억제하는 데 도움이 된다는 연구결과가 발표되었다.

- 인디애나 블루밍턴 대학 연구팀은 커피에 있는 카페인을 포함한 24 종류의 화합물이 치매 예방에 효과가 있다는 연구 내용을 알렸다.

 아래의 주제 중 하나를 골라 자료를 검색한 후 서론에 자주 사용되는 표현들을 사용하여 서론을 써 봅시다.

군중 심리 실험	권위와 복종 실험	그 외 관심 있는 주제

연습1

연습2

미국 로스앤젤레스 캘리포니아대의 윌리엄 쇼프 교수와 위스콘신대 존 밸리 교수는 지난 18일 국제학술지 미국립과학원회보(PNAS)에 "1983년 호주 서부에서 발견한 35억 년 전 암석 속 화석의 주인공이 당시 존재했던 미생물임을 확인했다"고 밝혔다. "화석에 나타난 35억 년 전 미생물의 복잡한 구조로 보아 지구에서 나온 최초 생명체는 그보다 오래된 40억 년 전이었을 가능성이 높다"고 설명했다.

> **〈표현〉** ~은/는 ~다고 밝혔다
>
> ~다고 설명하다

- 전문가들은 햇볕을 통해 비타민 D를 섭취하는 것이 좋지만, 의사의 권고에 따라 비타민 보충제를 먹는 것도 좋다고 설명했다.
- 영국의 기상학자 윌리엄 다인스는 대기의 기압, 온도, 습도의 변화와 고기압과 저기압의 운동 사이에 뚜렷한 상관이 있다고 밝혔다.

아래의 주제 중 하나를 골라 자료를 검색한 후 본론에 자주 사용되는 표현들을 사용하여 본론을 써 봅시다.

군중 심리 실험	권위와 복종 실험	그 외 관심 있는 주제

연습

연구진은 5가지 분류군 11개 미생물 표본의 형태학적 특징을 조사했다. 암석에 있는 화석 11점을 첨단 탄소동위원소 분석으로 조사해 그 화석이 단순한 돌덩어리가 아닌 미생물 화석이라는 것을 밝혀냈다. 탄소동위원소는 원자번호가 같은 탄소 원자이지만 질량이 다른 것을 말한다. 탄소동위원소 비율은 미생물 종마다 다르다. 연구진은 화석에 남겨진 미생물을 탄소동위원소 분석을 한 결과 미생물 5종을 확인했다. 2종은 산소 없이 빛만으로 광학성을 한 원시 미생물이었고, 1종은 메탄을 생산하는 고세균과 같은 미생물인 것으로 나타났다. 남은 2종은 이 메탄을 소비하는 미생물로 밝혀졌다.

〈표현〉　~을/를 ~(으)로 조사하다

　　　　　~이/가 ~라는 것을 밝혀내다

　　　　　~은/는 ~는 것을 말한다

　　　　　~을/를 확인하다/~는 것으로 나타나다/~(으)로 밝혀지다

- 연구진은 생육환경이 돌연변이율에 영향을 준다는 것을 밝혀냈다.
- 여성들은 선크림으로 자외선을 차단하는 경우가 많아 남성보다 비타민 D 결핍에 더 많이 시달리는 것으로 나타났다.

✏️ 아래의 주제 중 하나를 골라 자료를 검색한 후 본론에 자주 사용되는 표현들을 사용하여 본론을 써 봅시다

| 군중 심리 실험 | 권위와 복종 실험 | 그 외 관심 있는 주제 |

연습

이번 연구 결과는 그동안 연구진의 주장을 뒷받침하는 결정적인 증거일 것으로 관심이 모아지고 있다. 연구진은 탄소동위원소 비율을 분석하는 방법을 통해 호주에서 발견되는 다른 화석도 추가로 연구할 계획이라고 말했다.

〈표현〉　이번 연구 결과는 ~ 증거일 것이다/의미가 있다
　　　　앞으로 ~에 대해 연구할 계획이다
　　　　앞으로 ~에 대한 후속 연구가 이루어져야 한다.

- 이번 연구는 손상되고 파괴된 세포를 재생시킬 수 있다는 점에서 의미가 있다.

- 앞으로 인간의 이기적인 동기는 왜 존재하는지에 대해 연구할 계획이다.

- 후속 연구로 '자발적 고독'을 선택하는 사람들의 심리 상태를 연구할 계획이다.

아래의 주제 중 하나를 골라 자료를 검색한 후 결론에 자주 사용되는 표현들을 사용하여 결론을 써 봅시다.

| 군중 심리 실험 | 권위와 복종 실험 | 그 외 관심 있는 주제 |

연습

※ 지금까지 연습한 것을 바탕으로 하나의 완성된 글을 써 봅시다.

제목:

※ 앞의 읽기 텍스트를 여러분의 모국어로 번역해 봅시다.　　　　　걸린 시간: __________분

제목:

※ 여러분의 모국어로 번역한 텍스트를 한국어로 역번역해 봅시다.　　　　걸린 시간: ＿＿＿＿＿＿분

사례1 　문장 구조의 변화

원문

접속사, 대명사, 또는 한국어의 조사 같은 것들이 기능어에 속한다.

학생

① 접속사, 대명사, 또는 한국어의 조사 같은 것은 기능어에 속한다.

② 기능어의 유형은 접속사, 대명사, 또는 한국어의 조사 등이 있다.

➡ ①번 학생 역번역 문장은 원문의 문장에서 조사가 달라진 사례이다. 미묘한 느낌의 차이가 생기게 된다. ②번 역번역 문장은 문장 구조를 바꾸어 다른 표현으로 번역한 것이다. '같은'의 의미를 알고 있는 경우에 '유형'이라는 단어를 활용하여 ②번과 같은 문장을 만들 수 있을 것이다.

사례2 　글쓴이 관련 표현(종결어미) 누락

원문

이와 같은 연구를 통해 알 수 있는 것은 기능어는 그 자체로는 특별한 의미가 없지만 말하는 사람이 어떤 심리 상태에 놓여 있는지를 보여준다는 것이다.

학생

① 이와 같은 연구를 통해 알 수 있는 것은 기능어 자체가 의미가 없지만 말하는 사람은 지금 어떤 일을 겪고 있는지를 **보인다.**

② 이와 같은 연구를 통해 알 수 있는 것은 기능어는 그 자체로는 특별한 의미가 없지만 말하는 사람이 어떤 심리 상태에 놓여 있는지를 **보여준다.**

③ 기능어들은 전체적으로 의미를 가지지 않지만 말하는 사람이 어떤 심리 상태에 놓여 있는지를 보여준다는 **사실이 밝혀졌다.**

➡ '이와 같은 연구를 통해 알 수 있는 것은'까지가 주어절이고 '~다는 것이다'가 서술절이다. 그런데 ①번 문장과 ②번 문장은 주어절과 서술절의 호응이 이루어지지 않는다. ③번 문장은 '이와 같은 연구를 통해 알 수 있는 것은'이 빠져서 '기능어들은 ~를 보여준다'가 '사실'을 설명하는 문장이 되었다. ③번은 원문과 동일하게 번역된 것은 아니지만 ③번 문장만으로 보면 비문이 되지는 않는다.

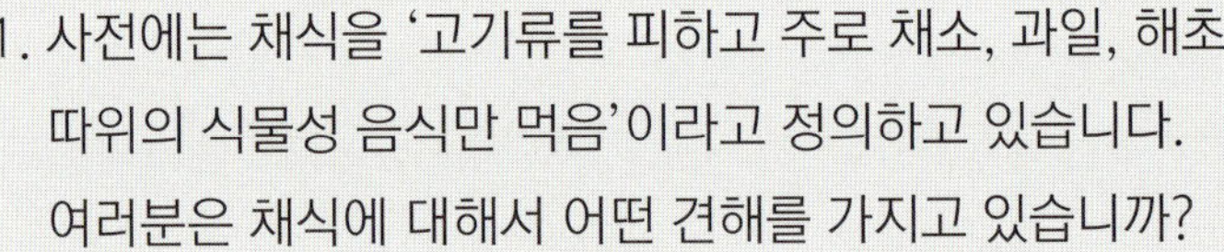

3과

채식의 배신

1. 사전에는 채식을 '고기류를 피하고 주로 채소, 과일, 해초 따위의 식물성 음식만 먹음'이라고 정의하고 있습니다. 여러분은 채식에 대해서 어떤 견해를 가지고 있습니까?

2. 채식주의자들이 늘어나면서 '채식 경제(베지노믹스, Vegenomics)라는 말도 생겼습니다. 어떤 것을 가리키는 말일까요?

3. 여러분이 생각하는 건강한 식생활은 어떤 것입니까?

1 도입

1. 아래의 단어와 표현의 의미를 여러분의 모국어로 알아봅시다.

한국어	모국어
채식	
적나라하다	
정제 곡물	
비판하다	
목소리를 높이다	
가공하다	
도정하다	
발효하다	
반추위	
섬유소	
소화하다	
식이섬유질	
지나친 비약	
찌꺼기	
흡수	
콜레스테롤	
동맥경화증	
바이러스	
저항력	
항산화 성분	
파괴되다	
반론	
계기	

채식의 배신

　최근 『채식의 배신』이란 책이 출간되면서 채식에 대해 우려하는 사람들이 많아졌다. 이 책의 저자인 리어키스(Lierre Keith)는 20년 간 채식을 했는데 오히려 건강이 좋지 않아졌다고 밝히면서 자신의 사례를 들어 채식의 단점을 적나라하게 드러냈기 때문이다. 채식을 반대하고 비판하던 사람들은 이 책을 근거 삼아 채식에 대한 반대의 목소리를 높이고 있다.

　하지만 채식을 무조건 비판하는 것에는 온전히 동의하기 어렵다. 저자의 경우는 잘못된 채식을 해서 고생을 많이 하고 몸이 상한 것으로 보인다. 채식이 무조건 잘못된 것이 아니라 잘못된 채식을 한 것이 문제였던 것이다. 그는 정제 곡물이 영양분의 손실이 많다는 이유로 채식에 문제가 있다고 비판하였는데, 정제 곡물과 같은 가공한 식물성 식품은 건강에 좋은 식품이 아니다. 건강에 좋은 식품인지 아닌지는 식품의 가공 여부에 달려있다. 책에 담겨 있는 저자의 비판을 자세히 들여다 보면 채식에 대해 비판하는 것이 아니라 가공 식품에 대해 비판하고 있는 것이다. 다시 말하자면 '채식의 배신'이 아니라 '가공 식품의 배신'이라고 해야 맞을 것이다. 예를 들어, 곡식에 도정을 한다거나, 곡식을 가루로 만든다거나, 곡식을 액체로 만들거나 발효하는 것, 이런 모든 것이 잘못된 채식의 문제가 되는 것들이다. 곡식뿐 아니라 채소나 과일도 이와 같은 가공 과정을 거치는 것은 좋지 않다.

　그리고 저자는 그 책에서 초식 동물에게는 '반추위'라는 특별한 위가 있지만, 사람에게는 반추위가 없기 때문에 식물성 식품을 먹으면 그 속에 들어있는 섬유소를 온전히 소화하지 못하므로 동물성 식품을 먹어야 된다고 주장한다. 그런데 섬유소가 들어 있다 하더라도 사람은 곡식을 먹어야 한다. 예를 들어 현미에는 100g당 1.3g 정도의 식이섬유질이 들어 있고 녹말이 약 77% 들어 있다. 그 소량의 섬유질 때문에 많은 양을 차지하는 녹말까지 먹으면 안 된다는 주장은 논리의 지나친 비약이다. 물론 섬유소가 체내에 흡수되지는 않지만 우리가 먹은 음식 찌꺼기를 보다 쉽게 몸 밖으로 배출하는 데 도움을 준다. 섬유질을 섭취하면 변비를 예방할 수 있을 뿐만 아니라, 콜레스테롤도 붙잡아서 몸 밖으로 내보내기 때문에 동맥경화증을 예방해 주는 역할도 한다.

　리어키스는 채식하고 난 이후에 감기를 자주 앓게 되고 감기가 잘 낫지 않는다고 밝혔다. 하지만 이는 채식을 잘못했기 때문에 생긴 문제로 보인다. 감기는 바이러스가 일으키는 질병이다. 바이러스에 대한 저항력을 높이려면 항산화 성분이 충분히 들어있는 음식을 먹어야 한다. 항산화 성분은 해로운 세포 분자가 일으키는 손상으로부터 우리 몸을 보호하여 암과 같은 질병을 예방하는 역할을 한다. 이런 항산화 성분은 자연 상태의 식물성 식품에 많이 들어 있다. 항산화 성분은 몇 가지 비타민과 과일, 야채에 들어있는 독특한 성분을 말한다. 이런 성분들은 가공을 하거나 열을 가해 요리를 하면 많이 파괴되는 특성이 있다. 그렇기 때문에 조리 과정이 거의 없는 자연 상태의 식물성 식품을 먹으면 감기를 비롯한 다른 바이러스에 대해서도 매우 강한 저항력을 키울 수 있다.

『채식의 배신』에 나온 내용 중 몇 가지에 대해 반론을 제시했지만, 결국 이 책은 올바른 식습관에 대해 한 번 더 생각해 보라는 메시지가 담겨 있어 의미가 있다. 우리의 먹거리들에 대해 다시 한 번 생각해 보는 계기가 되길 바란다.

황성수, 채식의 배신? 가공식품의 배신 KISTI 과학향기, 1854호 2013.04.29. 발췌 후 일부 수정

3 어휘 및 표현 연습

1. 아래 제시된 용언과 관계없는 것을 고르십시오.

1) 가하다

① 열　　　② 압력　　　③ 제재　　　④ 충격　　　⑤ 내용

2) 키우다

① 문제　　　② 온도　　　③ 목소리　　　④ 저항력　　　⑤ 면역력

3) 제시하다

① 반론　　　② 대안　　　③ 정책　　　④ 서류　　　⑤ 해결책

4) 드러내다

① 약점　　　② 영향　　　③ 본색　　　④ 존재감　　　⑤ 속마음

5) 통과하다

① 결승　　　② 검사　　　③ 마음　　　④ 면접　　　⑤ 입국심사

2. `보기` 와 같이 의미가 달라지지 않도록 문장을 바꿔 써 봅시다.

> `보기` 저항력을 높이**려면** 항산화 성분이 충분히 들어 있는 음식을 먹**어야 한다**.
>
> ➡ 저항력을 높이**기 위해서는** 항산화 성분이 충분히 들어 있는 음식을 먹**어야 한다**.

1) 자신의 사례**를 들어** 채식의 단점을 비판하였다.

   ➡ ____ .

2) 식물성이면 괜찮다고 생각하는 인식**에는 문제가 있다**.

   ➡ ____ .

3) 섬유질은 체내로 흡수되지 않지만 콜레스테롤을 **밖으로 내보내는** 역할을 한다.

   ➡ ____ .

3. `보기` 와 같이 문장을 만들어 보세요.

> `보기` 잘못된 채식이 몸을 상하게 했다.
>
> ➡ 몸을 상하게 한 것은 잘못된 채식이었다.

1) 직장생활에서 필요한 것은 다른 사람을 배려하는 것이다.

   ➡ ____ .

2) 올해의 목표는 직장에 취업하는 것이다.

   ➡ ____ .

3) 마음이 맞는 사람과 함께 일하는 것을 원한다.

   ➡ ____ .

4. 아래의 단어를 사용하여 문장을 만들어 봅시다.

비판하다	흡수되다	인식하다	제시하다	파괴되다

1) ____ .

2) ____ .

3) ____ .

4) ____ .

5) ____ .

5. 아래 표현에서 여섯 개를 골라 문장을 만들어 봅시다.

-을/를 예방하다	-을/를 높이다-	-에 속하다
-에 동의하다	-을/를 가하다	-을/를 내다
-을/를 근거로 (삼아)	-에 들어 있다	-에 달려있다

1) ____ .

2) ____ .

3) ____ .

4) ____ .

5) ____ .

6) ____ .

1. 피해자의 진술만**을 근거로** 삼아 죄가 있다고 판단하는 것은 위법이다.

> **-을/를 근거로, -을/를 근거로 삼다**: -을/를 이유로 생각하여

• 이 영화는 실제 사건을 근거로 만들어졌다는 점 때문에 관객들의 관심을 끌었다.

연습 ____.

2. 실수를 하는 것은 잘못이 아니다. 같은 실수를 반복하**는 것이 문제이다.**

> **-이/가 가장 문제가 되는 부분이다, ~는 것이 문제이다:**
> 문제점을 지적할 때 사용하는 표현

• 여름철 피부 관리에서 가장 문제가 되는 부분은 바로 피부의 온도 상승이다.

연습 ____.

3. 다른 사람과의 경쟁에서 이기**려면** 다른 사람과 차별되는 나만의 특기를 키**워야 한다.**

> **~려면 ~어/아야 하다**: 목적을 위해 어떤 일을 해야 한다는 것을 설명할 때 사용한다.

• 새로운 사업을 시작하려면 우선 시장조사부터 해야 한다.

연습 ____.

4. 이번 홍수는 미리 예방책을 마련하지 못했기 **때문에 생긴 문제로 보인다.**

> **~때문에 생긴 문제로 보인다**: '~ 때문에 문제가 생겼다고 생각한다'는 뜻이다.
> '보인다'는 생각한다/주장한다는 뜻이다.

• 이번 화재 사건은 안전 불감증 때문에 생긴 문제로 보인다.

연습 ____.

5 핵심 문장 모국어로 번역하기

다음 문장을 모국어로 번역해 보십시오.

1. 채식을 반대하고 비판하던 사람들은 이 책을 근거 삼아 채식에 대한 반대의 목소리를
   높이고 있다.

   ➡ ____

   ____.

2. 소량의 섬유질 때문에 많은 양을 차지하는 녹말까지 먹으면 안 된다는 주장은 논리의
   지나친 비약이다.

   ➡ ____

   ____.

3. 항산화성분은 해로운 세포 분자가 일으키는 손상으로부터 우리 몸을 보호하여 암과
   같은 질병을 예방하는 역할을 한다. 이런 항산화 성분은 자연 상태의 식물성 식품에
   많이 들어 있다.

   ➡ ____

   ____.

4. 조리 과정이 거의 없는 자연 상태의 식물성 식품을 먹으면 감기를 비롯한 다른
   바이러스에 대해서도 매우 강한 저항력을 키울 수 있다.

   ➡ ____

   ____.

반론하는 글의 구조에서 **자주 사용되는** 특징적인 표현

문제 제기
- ~에 대한 반대의 목소리가 높다
- ~에 대해 우려하다

문제점
- 동의하지 못하다/ 온전히 동의하기 어렵다
- ~에는 문제가 있다
- ~이/가 가장 문제가 되는 부분이다

반론
- 한편 ~에 대해 ~다는 이유로 반대/찬성하는 입장도 있다
- ~에 대한 반론도 있다
- –다고 밝혔다(주장했다). 하지만 이는 ~기 때문이다
- A이/가 아니라 ~B이/가 문제이다

본론 요약
- 그러므로/ 따라서, 이처럼/이렇듯, 모든 것을 종합해 볼 때 ~은/는 ~다
- ~에 대한 몇 가지 반론을 제시하다
- 요약하자면/요컨대, (결과적으로)게 되다/ ~게 될 것이다

✎ 위의 표현들을 사용하여 문장을 완성해 보십시오.
(하나의 주제로 문장을 만들지 않아도 됩니다. 순서와도 관계가 없습니다.)

1) ____ 에 대해 반대하는 목소리가 높다.

2) 한편, ____________________________________ 는 이유로 반대/찬성하는
입장도 있다.

3) ____ 문제가 있다.

4) ________________ 는 것이 (문제가) 아니라 ________________ 이/가 문제이다.

5) ____ 에 대한 반론도 있다.

6) 따라서 ________________ 은/는 ________________________________ 다.

앞으로 존엄사가 가능해진다는 소식이 언론 보도를 통해 나오면서 '연명의료결정법'에 대한 우려의 목소리가 나오고 있다. '연명의료'란 임종과정에 있는 환자의 상태를 호전시켜 살릴 수는 없지만 여러 의료행위를 통해 죽음을 늦추는 의료행위를 말한다.

〈표현〉　~에 대한 우려의 목소리가 나오다
　　　　~에 대해 우려하다/논란이 되다

• 정부는 백신 부작용에 대해 우려할 정도는 아니라며 안심하라고 하였다.

• 성장보다는 분배를 우선하는 경제정책에 대해 우려하는 목소리가 나오고 있다.

 아래 주제를 조사하여 서론에 자주 사용되는 표현들을 사용하여 서론을 써 봅시다.

| 환경 보호와 환경 개발 | 동물실험의 필요성과 금지법 | 그 외 주제 |

연습1

연습2

'연명의료 결정법'은 환자에게 더 이상 이익이 되지 않는 치료를 받지 않을 결정을 환자 본인이 한다는 것으로, 생명 연장을 위한 무의미한 치료를 중단할 수 있는 제도다. 회생 가능성이 없고, 치료해도 회복되지 않는데도 치료를 계속하여 단순히 죽음을 늦추는 것에는 문제가 있다. 연명 의료는 남은 가족에게는 경제적인 부담감을 주고 환자 본인에게는 고통을 주기 때문이다. 병원 중환자실에서 치료를 받다가 삶을 마감하기보다는 환자 본인이 자신의 삶을 정리하면서 가족들과 마지막 시간을 보내기를 바라는 환자들이 늘고 있는 것도 연명의료 결정법이 필요한 하나의 이유이다.

〈표현〉　~에는 문제가 있다
　　　　~이/가 (가장) 문제가 되는 부분이다
　　　　~은/는 ~기 때문이다

- 열심히 노력하는 데도 성적이 오르지 않는다면 공부 방법에 문제가 있는 것이다.
- 혼자 여행을 떠나려니 안전이 가장 문제가 되는 부분이라고 부모님이 말리신다.

본론에 자주 사용되는 표현들을 사용하여 아래의 주제로 본론1을 써 봅시다.

| 환경 보호와 환경 개발 | 동물실험의 필요성과 금지법 | 그 외 주제 |

연습

8 본론 쓰기2

그러나 '연명의료 결정법'이 악용될 수 있다는 이유로 반대하는 입장도 있다. 생명을 너무 가볍게 생각하는 분위기가 만들어질 수 있고, 연명의료 결정법이 상업적인 목적으로 이용될 가능성도 있다. 또한 의식이 없을 때 가족 전원이 동의하면 연명치료를 중단할 수 있다는 것도 문제가 되는 부분이다.

평소에 가족들에게 의사를 분명히 밝혀 두는 것도 유효하다고 하지만 공식적으로 '사전연명의료의향서'를 써 두는 것이 좋다. 사전연명의료의향서란 죽음을 목전에 두고 불필요한 치료로 생명을 연장하지 않겠다는 본인의 의사를 서류로 미리 표시하는 것이다.

〈표현〉 그러나 ~다는 이유로 찬성하는 입장도 있다
한편/반면에 ~다는 이유로 반대하는 견해도 있다
~에 대한 반론도 있다

- 초등학생들의 일기장 검사를 인권침해라는 이유로 반대하는 입장도 있다.
- 사생활을 침해받는다는 이유로 사무실 내에 CCTV 설치를 반대하는 사람들도 있다.

 자주 사용되는 표현들을 사용하여 아래의 주제로 본론2 대책을 써 봅시다.

환경 보호와 환경 개발   동물실험의 필요성과 금지법   그 외 주제

연습

지금까지 '연명치료결정법'에 대해 살펴보았다. 연명치료결정법이 제대로 정착되기 위해서는 무엇보다 환자의 입장을 먼저 생각해야 하고 다양한 요인들을 고려하여 법이 제정되어야 할 것이다.

〈표현〉 지금까지 ~에 대해 살펴보았다

무엇보다 ~어/아야 할 것이다

앞으로 ~기 위해서 ~할 필요가 있다

- 맞벌이 부부가 부모역할을 잘하기 위해서 어떻게 양육을 분담할지 서로 상의할 필요가 있다.

- 그 정치인은 국민이 행복하려면 무엇보다 좋은 일자리가 많아야 할 것이라고 강조했다.

 결론에 자주 사용되는 표현들을 사용하여 아래의 주제에 관한 글 중 결론을 써 봅시다.

| 환경 보호와 환경 개발 | 동물실험의 필요성과 금지법 | 그 외 주제 |

연습

※ 지금까지 연습한 것을 바탕으로 하나의 완성된 글을 써 봅시다.

제목:

※ 앞의 읽기 텍스트를 여러분의 모국어로 번역해 봅시다.　　　　걸린 시간: _________분

제목:

※ 여러분의 모국어로 번역한 텍스트를 한국어로 역번역해 봅시다. 걸린 시간: ____________ 분

100

200

300

400

500

600

700

800

사례1　문장의 연결

원문

2013년 2월 채식의 배신이라는 책이 출간되**면서** 채식에 대해 우려하는 사람들이 많아졌다.

학생

① 2013년 2월 채식의 배신이라는 책을 출판하**고 나서** 채식에 대해 걱정하는 사람들이 많아졌다.

② 2013년 2월 채식의 배신이란 책이 출판**된 후** 채식을 우려하는 사람들이 많아졌다.

③ 2013년 2월 채식의 배신이라는 책을 출간됐다. 채식에 대해 우려하는 사람들이 많아졌다.

➡ 원문의 '-(으)면서'는 앞의 문장과 뒤의 문장이 시간적으로 겹치는 부분이 있고, 앞문장이 뒤에 오는 문장의 원인이 될 때 사용하는 문법이다. 학생들이 역번역한 문장인 ①과 ②는 앞 문장의 사건이 끝나고 다음 사건이 이어지는 것으로 인식하고 번역한 문장이다. 원문의 의도가 정확하게 드러난다고 보기 어렵다. ③번은 한 문장인 원문을 두 문장으로 끊어서 번역한 것으로 학습자가 '-(으)면서'의 문법을 잘 알지 못하고 있음을 알 수 있다.

사례2　부사의 누락

원문

하지만 채식을 무조건 비판하는 것에는 온전히 동의하기 어렵다.

학생

① 하지만 무조건 채식에 대한 비판을 온전히 동의하면 안 된다.

② 그런데 ∅ 채식을 비판하는 것을 온전히 동의하기 어렵다.

➡ '-에 동의하다' 형태가 원문의 '비판하는 것에 동의하다'로 되어 있지만 ①번 예문은 '비판을 동의하다'의 결합이 되어 비문이 된 예이다. 한국어 문장이 한국어 어법에 맞게 되었는지 다시 한 번 점검하는 과정을 거쳐야 한다. ②번 문장은 '무조건'이 빠져서 원문의 저자 의도와 달리 해석이 되는 경우이다. 채식을 비판하는 것 자체에 동의하지 않는 것이 아니라 원인이나 과정을 따져보지 않고 무조건 비판하는 것에 동의하기 어렵다고 했으므로 작은 의미 차이가 발생하게 된다.

공유 경제, 공유 주택

1. 공유 경제, 공유 주택이라는 용어를 들어본 적이 있습니까? 무슨 뜻일까요?

2. 지하철역이나 학교 안에서 공유 자전거를 본 적이 있습니까? 왜 이런 공유 자전거가 생겼을까요?

3. 여러분은 자신의 물건을 다른 사람과 공유한 적이 있습니까?

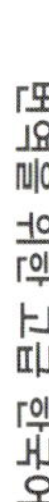

1 도입

1. 아래의 단어와 표현의 의미를 여러분의 모국어로 알아봅시다.

한국어	모국어
소유하다	
공유하다	
경기 불황	
경제 용어	
대비되다	
공동 주택	
주거 공간	
친목 도모	
전문업체	
상주하다	
생활 편의	
입주민	
덜다	
활성화	
확산되다	
분석하다	
금융 위기	
해외 체류	
거부감	
대처하다	
배려하다	

공유 경제, 공유 주택

최근 젊은 층에서는 내 집을 소유하겠다는 생각보다는 공유하더라도 좋은 주거 환경에서 살고 싶다는 사람들이 늘고 있다. 전 세계적으로 소유가 아니라 공유하는 '공유 경제'가 주목받고 있는 데다가 국내에서도 경기 불황과 1인 가구의 증가로 공유 경제에 대한 관심이 높아지고 있다. '공유 경제'라는 말은 미국의 법학자 로렌스 레식 교수(Lawrence Lessig, 1961~)가 2008년에 지은 책 '리믹스'에 나온 경제 용어로 대량 생산 체제의 소유 개념과 대비되는 개념이다.

이러한 공유 경제의 예로 한 집에서 여러 명이 함께 사는 '셰어하우스(share house)'를 들 수 있다. 셰어하우스란 여러 명이 한 집에서 사는 공동 주택 형태를 말한다. 다시 말하면 침실과 같은 개인적인 공간은 각자 따로 사용하고 휴식을 위한 거실이나 주방 등은 공유하는 것으로 집을 나누어 사용하는 것을 뜻한다. 다른 입주민과 주거를 함께 하는 형태 외에 장기간의 여행으로 비어 있는 집을 일정 기간 주거 공간이 필요한 사람에게 싼 값으로 빌려주는 것도 셰어하우스의 한 예이다. 1인 가구가 늘어나면서 최근에는 '코-리빙(co-living)'이라는 주거 형태까지 등장하였다. 코-리빙(co-living)은 단순히 공간을 나누어 쓰는 셰어하우스에서 더 발전한 주거 형태로 셰어하우스와 다른 몇 가지 특징이 있다. 입주민 간에 친목 도모 모임이 있고 전문업체가 주택을 관리하거나 직원이 상주하며 생활 편의를 돕는다는 것이 특징이다. 또한 혼자 사는 삶에 대한 두려움이나 외로움을 덜 수 있다는 장점 때문에 사회 초년생이나 독립적인 생활을 시작하는 청년층에게 특히 인기가 많다.

이렇게 공유 주택이 활성화되는 이유는 다음과 같다.

먼저 경제적인 이유이다. 한 부동산 전문위원은 불황이 장기화되면서 주거비 부담을 낮추려는 20~30대 젊은 층이 늘고 있으며 이들을 중심으로 '셰어하우스' 문화가 확산되고 있다고 분석했다. 세계적인 금융 위기의 여파로 불황이 장기화되는 반면 집값은 크게 오르면서 주택을 소유하게 되는 경우 취득세와 같은 세금에 대한 부담도 적지 않아 전세나 월세와 같이 주택을 빌리는 젊은 층이 많아졌다. 그러나 전세나 월세의 경우도 그 비용이 만만치 않다. 2017년 국토교통부에서 실시한 주거실태조사에 따르면 월 소득 가운데 주택 임대료가 차지하는 비율인 RIR(Rent to Income Ratio)이 20대에서 특히 높은 것으로 나타났다. 3, 40대 16.7%, 50대 24.0%, 60대 13.9%와 비교하면 20대는 37.5%로 소득의 3분의 1이 주거비로 지출되는 것이다. 이렇게 높은 주거비 부담을 줄이는 하나의 방법이 셰어하우스와 같은 공동 주택인 것이다.

경제적인 이유 외에도 '혼밥(혼자 밥)', '혼술(혼자 술)', '혼행(혼자 여행)' 등 혼자 하는 활동에 지친 1인 가구들이 함께 하는 즐거움을 찾는 최근의 분위기 때문에 공동 주택에 대한 관심이 늘고 있다. 또한 해외 체류 경험을 하는 인구가 늘어나면서 코-리빙(co-living)과 같은 주택 공유 문화에 대한 거부감이 줄어든 것도 하나의 원인으로 볼 수 있다. 마지막으로 IT 기술의 발전으로 인터넷이 발달되면서 개인과 개인 간의 거래가 쉽게 이루어지는 것도 공유 경제 현상이 활성화되는 하나의 이유가 된다.

하지만 공유 주택이 무조건 좋은 것은 아니다. 생활 습관이나 문화가 다른 사람들이 하나의 '주거'를 공유하다 보면 동거인들과의 갈등이 생길 소지가 있고 서로 이해가 부족할 경우 불편함을 느낄 수 있다. '공유 주택 생활'이라는 새로운 사회 현상에 대처하기 위해서는 서로의 문화를 이해하고 다른 사람을 배려하는 자세가 필요하다.

3 어휘 및 표현 연습

1. 아래의 문장에 알맞은 단어를 골라 쓰십시오.

생활 습관	친목 도모	생활 편의	주거 환경

1) 주변에 은행, 대형 마트, 병원 등 생활에 필요한 _________________ 시설들이 많은 곳은 집값이 비쌀 수밖에 없다.

2) 건강하게 살기 위해서는 규칙적인 식사, 적당한 운동 등 올바른 _________________ 을/를 가지는 것이 중요하다.

3) 난방이 제대로 되지 않는 열악한 _________________ 에서 생활하는 기초 생활 수급자들이 점점 증가하는 것으로 나타났다.

4) 우리 회사는 사원들 간의 _________________ 을/를 위해 체육대회와 같은 여러 가지 행사들을 개최하곤 한다.

2. 아래 제시된 단어와 관계없는 것을 고르십시오.

1) 부담
① 낮추다　　② 느끼다　　③ 갖추다　　④ 늘어나다

2) 거래
① 끊다　　② 느끼다　　③ 활성화되다　　④ 이루어지다

3) 거부감
① 늘다　　② 들이다　　③ 드러내다　　④ 줄어들다

4) 갈등
① 생기다　　② 오르다　　③ 드러나다　　④ 해결되다

3. 아래의 단어를 사용하여 문장을 만들어 봅시다.

| 분석하다 | 배려하다 | 등장하다 | 대처하다 | 차지하다 |

1) ____.

2) ____.

3) ____.

4) ____.

5) ____.

4. 아래 표현에서 여섯 개를 골라 문장을 만들어 봅시다.

-을/를 낮추다	**-을/를** 차지하다	**-와/과** 대비되다
-(으)/ㄹ 소지가 있다	**-(으)로** 늘어나다	**-에** 대처하다
-이/가 주목받다	**-의** 여파로	**-에** 지쳐

1) ____ .

2) ____ .

3) ____ .

4) ____ .

5) ____ .

6) ____ .

5. 보기 와 같이 의미가 같도록 문장을 바꿔 써 봅시다.

> 보기 셰어하우스**의 특징은** 초기 비용 없이 저렴하게 이용할 수 있다는 것이다.
> ➡ 셰어하우스는 초기 비용 없이 저렴하게 이용할 수 있다**는 것이 특징이다**.

1) 새로 나온 전기매트는 전기료 부담이 적다는 것이 특징이다.

   ➡ ____ .

2) 공동 주택 생활은 혼자 살 때 느끼는 외로움을 덜 수 있다는 장점이 있다.

   ➡ ____ .

3) 여러 명이 함께 사는 셰어하우스를 공유 경제의 예로 들 수 있다.

   ➡ ____ .

1. 공동 주택은 혼자 사는 삶에 대한 두려움이나 외로움을 덜 수 있**다는 장점이 있다.**

> **~다는 장점/단점/특징이 있다:** '~는 장점/단점/특징'의 형태로 사용하지 않도록 주의해야 한다.
> '~는 것이 특징이다/장점이다/단점이다'의 형태로 사용하기도 한다.

• 이번에 새로 출시된 그 자동차는 환경 친화적이라는 것이 특징이다.

연습 ____ .

2. 청년 실업이 심화되**면서** 젊은 층을 중심으로 공유 경제에 대한 관심이 늘**고 있다.**

> **~면서 ~고 있다:** '(근거)+ 면서, (현황)+고 있다'의 형태로 지금의 상황이 나타나는 이유와 지금 상황을 설명할 때 사용한다.

• 최근 1인 가구가 증가하면서 편의점 1인 도시락이 인기를 끌고 있다.

연습 ____ .

3. 하나의 '주거'를 공유하다보면 동거인들과의 갈등이 생**길 소지가 있다.**

> **~(으)ㄹ 소지가 있다:** 문제가 되거나 부정적인 일 따위를 생기게 하는 원인. 또는 그렇게 될 가능성이 있다는 뜻이다. '오해의 소지가 있다'와 같이 '명사+의 소지' 형태도 있다.

• 이 발표 주제는 논쟁이 생길 소지가 많아 다시 한 번 생각해 보아야 할 것 같다.

연습 ____ .

4. 공유 경제는 경제용어로 대량 생산 체제의 소유 개념**과 대비되는** 개념이다.

> **~와/과 대비되다:** 두 가지의 차이점을 밝히거나 앞의 문장과 뒤의 문장의 내용이 상반되는 경우에 사용하는 표현이다.

• 김홍도는 같은 조선 시대 화가였던 신윤복과 대비되는 화풍을 보였다.

연습 ____ .

5

핵심 문장 모국어로 번역하기

다음 문장을 모국어로 번역해 보십시오.

1. 전 세계적으로 소유가 아니라 공유하는 '공유 경제'가 주목받고 있는 데다가
   국내에서도 경기 불황과 1인 가구의 증가로 공유 경제에 대한 관심이 높아지고 있다.

2. 셰어하우스란 여러 명이 한 집에서 사는 공동 주택 형태를 말한다. 다시 말하면 침실과
   같은 개인적인 공간은 각자 따로 사용하고 휴식을 위한 거실이나 주방 등은 공유하는
   것으로 집을 나누어 사용하는 것을 뜻한다.

3. '공유 주택 생활'이라는 새로운 사회 현상에 대처하기 위해서는 서로의 문화를
   이해하고 다른 사람을 배려하는 자세가 필요하다.

4. 마지막으로 IT 기술의 발전으로 인터넷이 발달되면서 개인과 개인 간의 거래가 쉽게
   이루어지는 것도 공유 경제 현상이 활성화되는 하나의 이유가 된다.

사회현상을 설명하는 글에 자주 사용되는 특징적인 표현

새로운 사회현상	• ~로 ~에 대한 관심이 높아지고 있다 • 최근 ~현상이 나타나고 있다
사회현상에 대한 설명	• ~의 예로 ~을/를 들 수 있다 • ~는 것도 ~의 한 예이다 • ~다는 것이 특징이다
그러한 사회현상의 원인	• ~는 여러 가지 이유가 있다 • ~는 것도 ~의 원인으로 볼 수 있다
결론	• ~기 위해서는 ~이/가 요구된다 • ~(으)ㄹ 필요가 있다

✎ 위의 표현들을 사용하여 문장을 완성해 보십시오.
(아래 문장을 같은 주제로 만들지 않아도 됩니다.)

1) 최근 ________________________ 현상이 나타나고 있다.

2) ________________________ 을/를 들 수 있다.

3) ____________ 는 것도 ____________ 의 한 예이다.

4) ________________________ 다는 것이 특징이다.

5) ____________ 기 위해서 ____________ 이/가 요구된다.

6) ________________________ 는 것도 하나의 원인이 될 수 있다.

7) ________________________ (으)ㄹ 필요가 있다.

　　경기 불황이 지속되면서 '카 셰어링(car sharing)'이라는 새로운 사회 현상이 나타나고 있다. 카 셰어링은 1987년 스위스 루체른에서 차가 필요하지만 사지 못하는 사람들이 함께 돈을 모아 차를 산 뒤에 지정된 주차장에 차를 놓고 필요할 때만 예약해 차를 이용한 데에서부터 시작되었다. 최근 우리 사회에서도 경기 침체로 개인 소유보다는 공동으로 사용하는 자동차에 대한 관심이 증가하고 있다.

> **〈표현〉**　최근 ~고 있다
> 　　　　　최근 ~현상이 나타나고 있다
> 　　　　　~(으)면서 이러한 현상이 나타나고 있다

• 초등학교에 입학하는 학생들이 줄어들면서 폐교가 증가하고 있다.

• 인간관계에서 스트레스를 심하게 받은 사람들이 사회적 관계를 끊는 현상이 나타나고 있다.

 서론에 자주 사용되는 위의 표현들을 활용하여 아래 주제에서 하나를 골라 서론을 써 봅시다.

비혼	스몰 웨딩	자발적 고독	그 외 새로운 사회 현상

연습1

연습2

카 셰어링은 공유 경제의 일환으로, 자동차를 개인 소유물로 구입하는 것이 아니라 이미 구입한 자동차를 여러 사람과 함께 쓰는 개념을 가리킨다. 카 셰어링의 예로 국내에서는 '쏘카'를 들 수 있다. 렌트카와 달리 카 셰어링은 스마트폰 앱을 통해 간편하게 이용할 수 있고 24시간이 기준이 아니라 10~30분 단위로 쪼개어서 사용할 수 있다는 장점이 있다. 필요할 때 카 셰어링으로 자동차를 이용할 수 있으므로 무분별한 자동차 구입을 막을 수 있어 현명한 소비 생활을 할 수 있다.

> **〈표현〉** ~란 ~을 말한다/뜻한다/의미한다
> ~의 예로 ~ 등을 들 수 있다/꼽을 수 있다
> ~와 ~가 ~의 대표적인/전형적인 예이다
> ~는 것이 특징이다/ ~라는 특징이 있다
> ~은/는 ~다는 데 특징이 있다

- 공유 경제의 예로 셰어하우스, 코 리빙 등을 꼽을 수 있다.

- 자폐증은 타인과의 감정을 교류하는 데에 어려움을 느끼고 외부로부터 오는 자극에 적절한 반응을 하지 못하는 것이 특징이다.

- 인공지능 프로그램 '알파고 제로'는 인간 바둑기사의 바둑 대결을 기록한 바둑 기보를 전혀 학습하지 않았다는 특징이 있다.

✎ 자주 사용되는 위의 표현들을 활용하여 서론에서 고른 주제로 본론을 써 봅시다.

비혼	스몰 웨딩	자발적 고독	그 외 새로운 사회 현상

연습

　　이와 같이 카 셰어링이 사람들의 주목을 받는 이유는 다음과 같다. 자동차를 가끔 이용하는 사람들은 자동차를 소유하게 될 때 부담해야 하는 비용을 내지 않고 자동차를 이용할 수 있다는 점이 하나의 원인이 될 수 있다. 또한 '쏘카'와 같은 카 셰어링은 스마트폰만 있으면 이용하기 편리하기 때문에 젊은 층에게 환영을 받는 것도 그 원인으로 볼 수 있다.

〈표현〉 원인 설명하기

~는 이유는 다음과 같다

이러한 사회 현상의 원인으로는 ~, ~, ~를 들 수 있다

~는 것도 하나의 원인이 될 수 있다 / 원인으로 볼 수 있다

- 저출산의 영향도 고령화 현상의 한 가지 원인으로 볼 수 있다.

- 아동 보호 구역에서의 교통사고가 줄어들지 않는 이유를 살펴보면 아래와 같이 여러 가지가 있다.

- '공유 경제'라는 현상이 생기는 원인으로 경제 불황, 청년 실업 등을 들 수 있다.

✎ 자주 사용되는 위의 표현들을 활용하여 앞에서 고른 주제로 본론을 써 봅시다.

비혼	스몰 웨딩	자발적 고독	그 외 새로운 사회 현상

연습

　　'카 세어링'이라는 자동차 공유 제도를 잘 유지하기 위해서는 시민 의식이 바뀔 필요가 있다. 나의 소유물이 아니므로 적당히 사용한다는 의식을 버리고 함께 사용하는 다른 사람을 배려하는 성숙한 시민 의식을 가질 필요가 있다.

〈표현〉　앞으로 ~이/가 요구되다

　　　　~(으)ㄹ 필요가 있다

　　　　~기 위해서는 ~(으)ㄹ 필요성이 있다, ~어/아야 하다

- 한 조직의 리더가 되기 위해서는 관대함과 엄격함, 일관성 등 리더의 자질을 가질 필요가 있다.

- 역에서 우산을 무료로 빌릴 수 있는 '우산 무상 대여' 제도가 유지되기 위해서는 시민 의식이 요구된다.

- 청년 실업을 단순히 청년층의 문제로 인식하지 않고 사회적 측면의 다양한 각도에서 생각해야 한다.

✎ 자주 사용되는 위의 표현들을 활용하여 앞에서 고른 주제로 결론을 써 봅시다.

비혼	스몰 웨딩	자발적 고독	그 외 새로운 사회 현상

연습

※ 관심 있는 새로운 사회 현상에 대해 조사한 후 하나의 완성된 글을 써 봅시다.

제목:

과제

※ 앞의 읽기 텍스트를 여러분의 모국어로 번역해 봅시다.　　　　걸린 시간: __________분

제목:

※ 여러분의 모국어로 번역한 텍스트를 한국어로 역번역해 봅시다.　　　걸린 시간: ___________ 분

사례1 문장 구조를 바꾸어 번역한 유형

원문

이러한 공유 경제의 예로 한 집에서 여러 명이 함께 사는 '셰어하우스'를 들 수 있다.

학생

① 한 집에서 여러 명이 함께 주거하는 셰어하우스가 공유경제의 한 예다.

② 한 집에서 여러 명이 함께 사는 셰어하우스가 공유 경제의 전형적인 예이다.

③ 여러 명이 한 집에서 공동 생활하는 '셰어하우스'는 공유경제의 예로 들 수 있다.

➡ 원문의 문장과 순서를 달리하여 번역을 한 예이다. 모국어로 번역을 했다가 한국어로 다시 번역을 하는 과정에서 문장의 앞과 뒤가 바뀔 수 있다. 한국어 문장 순서대로 모국어로 번역을 하면 어색한 문장이 될 가능성이 있기 때문이다. 문장 순서 그대로 번역을 하는 것이 좋은 번역이 아니라 도착어(목표어)의 어법에 맞는 문장으로 번역을 하는 것이 좋은 번역이다. 그러므로 문장의 순서가 바뀌는 번역문이 나올 수도 있다.

사례2 문법 교체

원문

1인 가구가 늘어나**면서** 최근에는 '코-리빙(co-living)'이라는 주거 형태까지 등장하였다.

학생

① 1인 가구 증가**에 따라** 코리빙이라는 주거 형태가 나타났다.

② 1인 가구의 증가**에 따라** 최근 코리빙이라는 거주 형태가 나타났다.

➡ 한국어는 연결어미의 사용이 빈번하고 다양한 연결어미가 있다. 그러나 모국어에 연결어미가 존재하지 않는 경우도 있을 것이다. 한국어를 모국어로 번역할 때, 모국어를 한국어로 번역할 때 그 언어에서 사용되는 연결어미의 기능을 하는 문법요소를 사용할 수 있어야 한다.

《서당》

《월하정인》

단원 김홍도와 혜원 신윤복

1. 두 개의 그림은 누구의 작품일까요?

2. 그림을 보면 어떤 느낌이 듭니까?

3. 공통점과 차이점이 느껴집니까?

1. 아래의 단어와 표현의 의미를 여러분의 모국어로 알아봅시다.

한국어	모국어
풍속화	
생활상	
빨래터	
화원	
존재감	
등장시키다	
무시당하다	
기녀	
독특한 스타일	
대표작	
붓	
표현법	
거칠다	
간결하다	
소탈하다	
흥취	
고찰하다	
채색화	
섬세하다	
화풍	
초상화	
영예	
생애	

단원 김홍도와 혜원 신윤복

　조선 시대의 르네상스라고 불렸던 18세기, 당시의 조선에는 천재 화가 두 사람이 있었다. 바로 조선 후기 대표적인 화가로 꼽을 수 있는 김홍도와 신윤복이다. 영조와 정조 시대를 거치며 사회가 안정되고 경제가 안정적으로 발전하면서 서민들 또한 문화에 관심을 가지게 되었고 그들 중에서도 그림을 사고 싶어하는 사람들이 생길 정도로 문화와 예술이 큰 부흥을 이루었던 때였다. 이러한 시대에 풍속화의 양대 산맥을 이루어 활약한 김홍도와 신윤복에 대해 알아보기로 한다.

　김홍도와 신윤복은 그 당시 사람들의 생활 모습을 담은 그림인 풍속화를 그린 화가라는 공통점이 있다. 단원 김홍도와 혜원 신윤복은 정조 시대의 선후배 화가이면서 풍속화로 이름을 날렸다. 두 화가가 그린 풍속화를 통해 그 당시 임금과 신하는 물론이고 서민들의 생활을 알 수 있을 정도로 두 사람의 풍속화는 그 시대의 생활상을 잘 보여준다. 또 흔히 우리 주변에서 볼 수 있는 빨래터나 주막, 길거리의 풍경을 그렸다는 점에서 두 사람의 그림은 자주 비교가 된다. 두 사람은 모두 도화서 화원(畫員) 출신이라는 것, 조선 후기의 대표적인 화가라는 공통점이 있지만 작품 세계에서는 서로 차이점을 보인다.

　단원 김홍도와 혜원 신윤복의 풍속화는 여러 면에서 상당한 차이가 있다. 김홍도는 농촌 지역 서민의 일상 생활을 주로 그렸고 신윤복은 도회지 양반과 기녀의 풍류 생활을 화폭에 담았다. 신윤복의 그림은 남성 중심 사회에서 거의 존재감을 드러내지 못한 여성들을 작품에 등장시켰다는 점에서 의미가 있는데, 특히 천한 신분으로 무시당했던 기녀들을 주인공으로 삼으며 자신만의 독특한 스타일로, 김홍도와 쌍벽을 이루는 그림 세계를 만들어갔다. 김홍도의 대표작으로는 '씨름, 서당' 등이 있고, 신윤복의 대표작으로는 '미인도, 월하정인' 등을 들 수 있다.

　또한 붓을 사용하는 방법이나 표현법에서도 두 사람은 크게 차이가 난다. 김홍도가 붓을 거칠게 다루며 선을 간결하고 소탈하게 표현하여 서민들의 흥취를 드러냈다면 신윤복은 세밀하고 섬세하게 표현하며 주로 채색화를 그렸다. 인물의 얼굴 모양도 대조적인 특징이 드러난다. 김홍도는 서민의 얼굴을 둥글게 표현했지만 신윤복은 여자는 물론이고 남자 얼굴도 V자 형으로 섬세하게 그려냈다.

　그들의 화풍만큼이나 그들의 삶도 다른 모습을 보였다. 김홍도는 어려서부터 그림의 천재로 소문이 나서 당대 최고의 문인화가 강세황(姜世晃)의 문하에서 그림을 배워 20대에 도화서의 화원이 되었다. 28세 때인 1773년에는 재능을 인정받아 왕의 초상화를 그리는 어용화사(御用畵師)로 발탁되어 영조의 어진과 왕세자의 초상을 그렸다. 그 당시 어용화사는 화원으로서는 최고의 영예였다.

그에 비해 신윤복은 화원 가문인 신한평의 장남으로 태어나 도화서의 화원으로 벼슬을 했으나 속화(俗畵)를 즐겨 그린다는 이유로 후에 쫓겨났다는 이야기가 전해지고 있다. 그런 이유 때문인지 개인적인 생애와 사망 시기에 대해서는 기록을 찾기가 쉽지 않다고 한다.

조선의 풍속화를 얘기할 때 둘째가라면 서러워할 정도로 실력이 비등비등했던 두 사람은 진정한 맞수라고 할 수 있다. 두 사람의 작품은 조선 시대 우리 문화와 역사를 고찰하는 데 절대적인 기여를 했으며, 동시대와 후대에 지대한 영향을 끼쳤다. 그들의 풍속화를 통해 오늘날의 우리는 18세기 조선의 여러 계층 사람들의 삶을 알 수 있다.

3 어휘 및 표현 연습

1. 아래의 문장에 알맞은 표현을 골라 쓰십시오.

| 존재감을 드러내다 | 대조적인 특징 | 최고의 영예 | 진정한 맞수 |

1) 올해 대한민국을 들썩이게 만들었던 총 10작품 중 ________________인 대상 수상작은 어떤 작품이 될 것인지 귀추가 주목된다.

2) 경기 민요와 전라도 민요는 ________________을/를 보인다. 경기 민요는 맑고 깨끗하며, 경쾌하고 부드러운 것이 특징인 반면에 전라도 민요는 굵고 극적인 소리를 목을 꺾어 내면서 비장한 느낌을 준다.

4) 힘이나 재주가 서로 비슷하여 우열을 가리기 어려운 상대를 맞수라고 하는데, 서로 경쟁하는 것도 중요하지만 서로를 발전시켜 줄 때 두 사람을 ________________ 라고 할 수 있을 것이다.

5) 오랜만에 영화로 복귀한 그 여배우는 영화 중반에 등장했지만 등장만으로도 강렬한 ________________다는 평가를 받으며 관객들을 휘어잡고 있다.

2. 아래 제시된 단어와 어울리지 않는 하나를 고르십시오.

1) 이루다

　　① 쌍벽　　　　　② 경제　　　　　③ 부흥　　　　　④ 양대 산맥

2) 드러내다

　　① 흥취　　　　　② 감정　　　　　③ 본색　　　　　④ 위기

3) 재능

　　① 살리다　　　　② 모으다　　　　③ 인정받다　　　　④ 물려받다

4) 특징

　　① 살리다　　　　② 보이다　　　　③ 드러내다　　　　④ 활약하다

3. 아래의 단어를 사용하여 문장을 만들어 봅시다.

소탈하다	섬세하다	안정되다	다루다	표현하다	드러나다

1) ____.

2) ____.

3) ____.

4) ____.

5) ____.

6) ____.

4. 아래 표현에서 여섯 개를 골라 문장을 만들어 봅시다.

-을/를 꼽다	-을/를 거치다	-을/를 이루다	-을/를 담다
-의 문하에서 배우다	-(으)로 발탁되다	-에 등장시키다	-(으)로 삼다

1) ____ .

2) ____ .

3) ____ .

4) ____ .

5) ____ .

6) ____ .

5. 용언에 따라 달라지는 조사에 주의하면서 보기 와 같이 문장을 바꿔 써 봅시다.

보기 인물의 얼굴 모양도 대조적인 특징**이 드러난다.**
➡ 인물의 얼굴 모양도 대조적인 특징**을 드러낸다.**

1) **왕에게 재능을 인정받아** 왕의 초상화를 그리게 **되었다.**

➡ ____ .

2) 신윤복의 그림은 여성들을 **작품에 등장시켰다**는 점에서 의미가 있다.

➡ ____ .

3) 조선 후기 대표적인 화가로 김홍도와 신윤복**을 꼽을 수 있다.**

➡ ____ .

1. 한국인과 유대인의 교육열은 둘째가라면 서러워할 정도로 막상막하다.

> **둘째가라면 서럽다**: 두 번째로 인정받으면 서러울 만큼 최고이다.

- 밀라노의 두오모 성당은, 이탈리아 전국에 걸쳐 있는 두오모 성당 중 둘째가라면 서러워할 정도로 아름다운 성당이다.

연습 .

2. 퇴계 이황과 율곡 이이는 조선 시대 성리학에서 쌍벽을 이루는 학자이다.

> **양대 산맥을 이루다/쌍벽을 이루다**: 어떤 분야나 부문에서 으뜸이나 중심이 되는 양쪽을 비유적으로 이르는 말이다.

- IBM 왓슨(Watson)과 구글 알파고(AlphaGo)는 전 세계 인공지능(AI) 분야의 양대 산맥으로 알려져 있다.

연습 .

3. 김홍도는 농촌 지역 서민의 일상 생활을 주로 그렸고 신윤복은 도회지 양반과 기녀의 풍류 생활을 화폭에 담았다.

> **A는 ~고 B는 ~다**: -고는 앞 뒤 문장의 이질적인 내용을 연결할 때 사용되 기도 한다.

- 가루는 칠수록 고와지고 말은 할수록 거칠어진다.

연습 .

4. 김홍도가 붓을 거칠게 다루며 선을 간결하고 소탈하게 표현하여 서민들의 흥취를 드러냈다면 신윤복은 세밀하고 섬세하게 표현하며 주로 채색화를 그렸다.

> **~가 ~(었/았/이)다면 ~는 ~다**: 앞 문장과 뒤 문장의 서로 다른 차이점을 설명할 때 사용하는 표현이다.

- 메이크업이 외면의 아름다움을 그리는 것이라면, 미술은 내면의 아름다움과 말로는 표현할 수 없는 여러 감정들을 표현할 수 있다고 설명한 작가가 있다.

연습 .

✎ 다음 문장을 모국어로 번역해 보십시오.

1. 조선 시대의 르네상스라고 불렸던 18세기, 당시의 조선에는 천재 화가 두 사람이 있었다. 바로 조선 후기 대표적인 화가로 꼽을 수 있는 김홍도와 신윤복이다.

➡

2. 신윤복의 그림은 남성 중심 사회에서 거의 존재감을 드러내지 못한 여성들을 작품에 등장시켰다는 점에서 의미가 있는데, 특히 천한 신분으로 무시당했던 기녀들을 주인공으로 삼으며 자신만의 독특한 스타일로, 김홍도와 쌍벽을 이루는 그림 세계를 만들어갔다.

➡

3. 조선의 풍속화를 얘기할 때 둘째가라면 서러워할 정도로 실력이 비등비등했던 두 사람은 진정한 맞수라고 할 수 있다.

➡

4. 인물의 얼굴 모양도 대조적인 특징이 드러난다. 김홍도는 서민의 얼굴을 둥글게 표현했지만 신윤복은 여자는 물론이고 남자 얼굴도 V자 형으로 섬세하게 그려냈다.

➡

비교, 대조하는 글쓰기에 **자주 사용되는** 특징적인 표현

서론
- ~로 꼽을 수 있는/들 수 있는 A와 B이다
- A와 B에 대해 살펴보기로 하다

공통점
- ~(이)라는 공통점이 있다
- ~다는 점에서 비교가 되다
- ~다는 점에서 비슷한 점이 많다
- ~다는 공통점이 있지만 (다음과 같이) 차이점도 있다

차이점
- ~(이)라는 점에서 (상당한) 차이가 있다/보이다
- 반면에 ~라는 점에서 다르다/의미가 있다
- ~에서도 크게 차이가 나다
- ~이/가 ~었/았다면 ~은/는 ~다
- A은/는 ~고 B은/는 ~다
- ~은/는 면에서 대조적인 특징이 드러나다

결론
- A와 B는 ~라고 할 수 있다
- (A와 B) ~을/를 통해 ~을/를 알 수 있다

✎ 위의 표현들을 사용하여 문장을 완성해 보십시오.

1) ＿＿＿＿＿＿＿＿＿ 로 꼽을 수 있는 ＿＿＿＿＿＿＿ 와 ＿＿＿＿＿＿＿ 이다.

2) ＿＿＿＿＿＿＿＿＿＿＿＿＿＿＿＿ 라는 공통점이 있다.

3) ＿＿＿＿＿＿＿＿＿＿＿＿＿＿＿ 라는 점에서 비슷한 점이 많다.

4) ＿＿＿＿＿＿＿＿＿＿＿＿＿＿ 라는 점에서 상당한 차이를 보인다.

5) ＿＿＿＿＿ 은/는 ＿＿＿＿＿ 는 데 비해 ＿＿＿＿＿ 은/는 ＿＿＿＿＿ 다.

6) ＿＿＿＿＿＿＿＿＿＿＿＿＿＿ 는 면에서 대조적인 특징이 드러난다.

7) ＿＿＿＿＿ 와 ＿＿＿＿＿ 을/를 통해 ＿＿＿＿＿ 을/를 알 수 있다.

역사상 훌륭한 음악가를 꼽으라면 많은 사람들이 베토벤과 모차르트를 떠올릴 것이다. '인생은 짧고 예술은 길다' 이 말만큼 모차르트와 베토벤을 잘 설명하는 말도 없을 것이다. 고전파 음악의 양대 산맥이라 불리는 두 거장, 모차르트와 베토벤을 소개하기로 한다.

〈표현〉　~라면 A와 B를 꼽을 수 있다/떠올릴 수 있다
　　　　　~라 불리는 A와 B을/를 소개하다

- 시대를 초월하는 미인으로 양귀비와 클레오파트라를 떠올릴 수 있다.

- 천재 시인이라 불리는 보들레르와 랭보를 소개하기로 한다.

 서론에 자주 사용되는 위의 표현들을 활용하여 아래 주제에서 하나를 골라 서론을 써 봅시다.

레오나르도 다빈치와 미켈란젤로　　　빌 게이츠와 스티브 잡스　　　연극과 영화　　　그 외

연습1

연습2

베토벤과 모차르트는 동시대를 산 음악가로 둘 다 고전주의 음악을 대표하는 음악 사상 최고의 작곡자라고 할 수 있다. 하이든이 마련해 놓은 고전시대 음악을 발전시킨 작곡자라는 것도 공통점이라 할 수 있다. 베토벤은 독일에서 태어나고 모차르트는 오스트리아에서 태어났지만 빈에서 음악 공부를 하고 작곡 활동을 한 빈 고전파라는 것도 하나의 공통점이다. 모차르트는 27곡의 오페라, 67곡의 교향곡, 피아노협주곡 42곡 등 다작을 한 작곡가이며, 고전음악을 완성했다고 평가받고 있다. 베토벤은 9개의 교향곡, 32개의 피아노 소나타, 10개의 바이올린 소나타 등을 작곡하였으며 고전음악을 낭만음악으로 발전시켰다고 평가받는다. 두 사람은 교향곡, 피아노 소나타, 피아노 협주곡, 오페라 등등 모든 장르의 클래식 음악을 작곡했다. 이 두 음악가는 좋은 음악을 남겼을 뿐 아니라 음악사적으로 중요한 위치에 자리하고 있다.

〈표현〉 ~라는 공통점이 있다

둘 다 ~을/를 대표하는 ~이다

~와 ~는 ~에 자리하고 있다/~의 위치에 있다

• 샴페인과 와인은 포도로 만들었다는 공통점이 있다.

• 톨스토이와 도스토옙스키는 둘 다 위대한 대문호의 위치에 자리하고 있다.

• 앤디 워홀과 로이 리히텐슈타인은 둘 다 미국을 대표하는 팝 아티스트이다.

아래의 주제 중 하나를 골라 지료를 검색한 후 결론에 자주 사용되는 표현들을 사용하여 본론을 써 봅시다.

레오나르도 다빈치와 미켈란젤로　　빌 게이츠와 스티브 잡스　　연극과 영화　　그 외

연습

모차르트의 음악은 밝고 경쾌한 반면에 베토벤의 음악은 웅장하고 절망적이다. 모차르트가 협주곡과 오페라를 많이 작곡한 데 비해 베토벤은 피아노 소나타와 교향곡을 주로 작곡하였다. 베토벤의 대표곡으로는 '운명 교향곡' '전원 교향곡' 등이 있고 모차르트는 '피가로의 결혼' '마술 피리' 등이 대표곡으로 손꼽힌다.

모차르트는 즉흥적인 곡이 많고 베토벤은 고뇌해서 쓴 곡이 많다고 전해지는데 이것은 그들의 삶과 관련해서 생각해 볼 수 있다. 두 사람의 삶은 그들의 음악만큼이나 서로 달랐다. 모차르트가 아버지의 전폭적인 지지를 받으면서 여러 나라를 다니며 음악을 배웠다면 베토벤은 모차르트와 달리 어린 시절부터 술주정뱅이 아버지 밑에서, 경제적으로도 어렵게 생활하면서 음악을 배웠다.

〈표현〉 A는 ~는 반면에 B는 ~다
A는 ~는 데 반해/비해 B는 ~다
A가 ~다면 B는 ~다
A는 ~고 B는 ~다

- 모차르트 음악과 달리 베토벤 음악은 다음에 무엇을 연주해야 하는지 예측할 수 없었을 정도로 어려웠다고 한다.

- 이전에는 집이 단순히 잠자는 '거주'의 개념이었다면 최근에는 문화와 쇼핑을 즐기며 휴식을 취하는 공간으로 변하고 있다.

 아래의 주제 중 하나를 골라 지료를 검색한 후 결론에 자주 사용되는 표현들을 사용하여 본론을 써 봅시다.

레오나르도 다빈치와 미켈란젤로   빌 게이츠와 스티브 잡스   연극과 영화   그 외

연습

앞에서 살펴본 바와 같이 모차르트와 베토벤은 음악적인 우위를 가릴 수 없을 만큼 둘 다 위대한 음악가라 할 수 있다. 그들은 각기 다른 음악 작품 세계로 후대의 작곡가를 비롯하여 많은 일반 사람들에게도 영향을 미쳤다. 우리에게 감동을 주었고 우리의 감정과 정신세계를 고양시켰다. 우리는 모차르트와 베토벤이라는 두 명의 위대한 음악가들을 통해 클래식 음악의 세계를 이해할 수 있다.

〈표현〉　~와 ~은/는 ~라 할 수 있다

~은/는 ~에게 많은 영향을 미치다

~을/를 통해 ~을/를 이해할 수 있다/알 수 있다

• 딸기와 키위는 비타민 C가 많은 대표적인 과일이라 할 수 있다.

• 부모의 지나친 기대 또는 무관심은 자녀들의 학업에 부정적인 영향을 미친다는 연구결과가 있다.

• 한국건축문화대상에서 대상을 받은 작품을 통해 그 당시 건축물의 특징을 이해할 수 있다.

✎ 아래의 주제 중 하나를 골라 자료를 검색한 후 결론에 자주 사용되는 표현들을 사용하여 결론을 써 봅시다.

레오나르도 다빈치와 미켈란젤로　　빌 게이츠와 스티브 잡스　　연극과 영화　　그 외

연습

※ 지금까지 연습한 것을 바탕으로 하나의 완성된 글을 써 봅시다.

제목:

※ 앞의 읽기 텍스트를 여러분의 모국어로 번역해 봅시다.　　　　　　걸린 시간: ___________분

제목:

※ 여러분의 모국어로 번역한 텍스트를 한국어로 역번역해 봅시다.　　　　걸린 시간: ＿＿＿＿＿분

100

200

300

400

사례1   긴 관형절

원문

김홍도와 신윤복은 그 당시 사람들의 생활 모습을 담은 그림인 풍속화를 그린 화가**라는 공통점이 있다.**

학생

① 김홍도와 신윤복의 작품은 당시 사람들의 생활 모습을 **그린** 공통점이 있다.

② 김홍도와 신윤복은 사람들의 생활 모습을 담은 풍속화를 위주로 **하는** 공통점이 있다.

③ 김홍도와 신윤복은 그 당시 사람의 생활을 **그린** 풍속화 화가였다.

➡ 원문에 나타난 '-다는/라는 공통점이 있다'의 표현이 학생들의 문장에서 제대로 표현되지 못하고 있다. ①번 문장과 ②번은 '-다는'의 표현이 누락되었다. 공통점과 '김홍도와 신윤복은 ~화가이다'라는 문장이 대등한 관계임을 드러내는 '-다는'의 기능을 이해하지 못하고 있다고 볼 수 있다. ③번 역번역문은 김홍도와 신윤복을 비교하는 상황이 아니므로 원문의 의도가 나타나지 않게 된다.

사례2   동사 구문보다 명사 구문 선호

원문

두 사람의 작품은 조선시대 우리 **문화와 역사를 고찰하는 데** 절대적인 기여를 했으며, 동시대와 후대에 지대한 영향을 끼쳤다.

학생

① 두 사람의 작품은 조선 시대의 문화와 역사**에 대한 고찰에** 대단한 기여를 했으며 동시대와 후대에 상당한 영향을 끼쳤다.

② 두 사람의 작품은 조선 시대 우리 문화와 **역사 고찰 방면에** 절대적인 기여를 했다.

➡ 원문과 학생들의 역번역문을 비교해보면 한국어 학습자들이 용언에 결합하는 '-는 데'의 표현보다 명사 어휘로 표현하는 것을 선호한다는 것을 짐작할 수 있다. 특히 ①번 문장은 '-에 대한 N'이라는 표현을 사용해서 번역을 한 것으로 30%의 학생들이 이렇게 문장을 구성하였다.

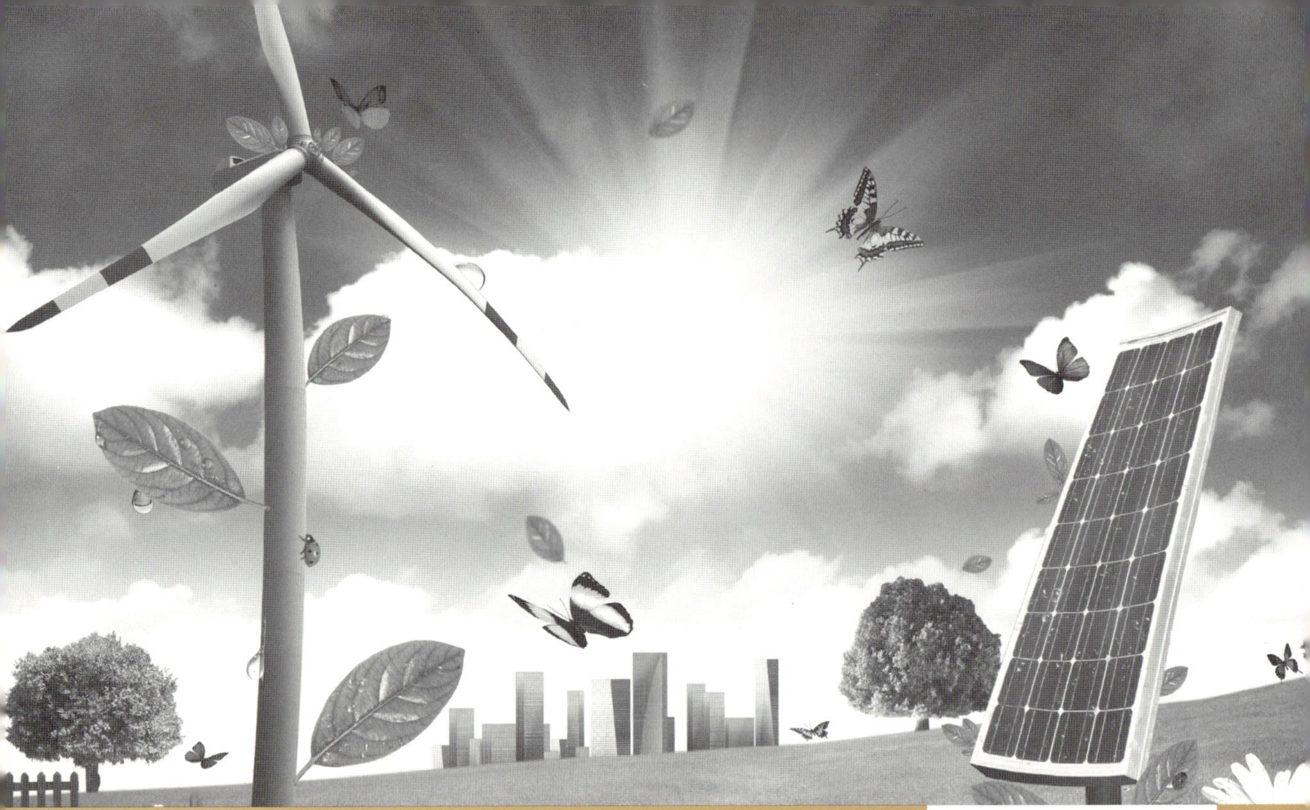

세계는 지금 재생 에너지 개발 바람

1. 재생 에너지란 무엇입니까?

2. 재생 에너지가 필요한 이유는 무엇입니까?

3. 재생 에너지는 어떻게 변화 발전하고 있습니까?

1 도입

1. 아래의 단어와 표현의 의미를 여러분의 모국어로 알아봅시다.

한국어	모국어
재생 에너지	
기후 변화	
생태계 파괴	
경제적 비용	
자원 고갈	
기술의 발전	
화석 연료	
대량 생산	
에너지 수요	
경제협력개발기구	
시장 규모	
태양광 발전	
폭발적 성장세	
탈원전 정책	
인류의 공존	
숙명적 과제	
공을 들이다	
사고를 전환하다	
경쟁에 나서다	
정책을 펼치다	

세계는 지금 재생 에너지 개발 바람

에너지 자원 고갈과 기후 변화의 부정적인 영향이 심화되면서 전 세계 여러 나라들이 에너지 수요의 충족을 위해 재생 에너지 개발에 본격적으로 뛰어들고 있다. 최근 국제에너지기구(International Energy Agency, IEA)가 발간한 '2017 세계에너지 전망'(World Energy Outlook 2017) 보고서는 화석연료 시대의 종말을 앞두고 그간 비용 문제로 지지부진했던 재생 에너지가 약진하고 있다고 진단했다. 국제에너지기구(IEA) 보고서에 따르면 2040년의 전 세계 에너지 수요는 2016년에 대비하여 30% 가량 늘어날 전망이다. 그리고 최종 에너지 소비 영역에서 전력이 차지하는 비중은 25%에 달할 것으로 예측되고 있는데, 에너지 소비 증가치의 기준으로 보면 에너지 자원 중 전력이 가장 급격하게 늘어나게 되는 것이다. 이는 지금까지 사실상 석유가 이끌었던 에너지 시장을 이제부터는 전력이 이끌게 된다는 의미가 된다. 화학 연료로 인한 부작용을 극복하기 위해 대두된 전력시대의 주인공은 단연 재생 에너지이다. 재생 가능 에너지라고도 불리는 재생 에너지는 화석연료와 달리 고갈되지 않기 때문에 지속적으로 이용할 수 있는 에너지의 총칭을 말하는 것으로, 태양 에너지, 풍력, 수력, 지열, 조력, 파력 등 다양한 종류가 있다.

이제 세계 주요 나라들은 재생 에너지를 개발하거나 효율적인 에너지 사용 전략을 세우고자 다양한 방면으로 접근하고 있다. 먼저 중국은 태양광 발전에 집중하고 있다. 지난해 전 세계 태양광 에너지의 신규 발전 설비 용량은 85GW인데, 43GW를 중국이 차지하면서 재생 에너지 분야에서도 괄목할 만한 성장을 보이고 있다. 중국은 2016년에 세계 1위 재생 에너지 투자국이 되었으며, 세계 신규 재생 에너지 발전 설비 용량의 40%를 차지했다. 인도 역시 태양광 발전에 공을 들이고 있다. 재생 에너지 시장 규모는 크지 않지만 폭발적 성장세를 보여 2015년 파리기후협약을 체결한 이후 재생 에너지 수요가 연평균 13%씩 늘어나고 있다. 일본은 에너지 관련 각료회의에서 2030년부터 수소를 연료로 하는 산업의 발전을 골자로 하는 '수소기본전략'을 채택했다. 탄소를 배출하지 않는 수소를 활용해 이산화탄소 배출량 감축과 에너지 자급률 향상 등 두 마리 토끼를 잡겠다는 것이 목표다. 독일은 재생 에너지 비중을 확대해 원전에서 탈피하는 것을 목표로 하여, 재생 에너지 비중을 2030년 40%, 2040년 60%, 2050년 80%까지 확대하는 계획을 세우고 있다. 탈(脫)원전 정책으로 2017년 전체 전력 생산량에서 원전이 차지하는 비중은 11.6%로 전년보다 1.4%포인트 낮아진 반면, 재생 에너지 비중은 전년보다 4%포인트 상승한

33.1%를 기록했다. 중국에 이어 세계 두 번째로 큰 규모의 재생 에너지 시장을 보유한 미국은 30여 개 주에서 의무적으로 재생 에너지를 공급하도록 하는 '재생 에너지 의무할당제'를 도입하고 친재생 에너지 정책을 펼쳐왔다. 한국 정부 또한 '재생 에너지 3020 이행 계획'이라는 이름 아래 2030년까지 전체 발전량에서 재생 에너지가 차지하는 비중을 7%에서 20%로 확대하는 것을 목표로 삼고 있다.

이와 같이 여러 나라에서 다양한 방법으로 재생 에너지를 개발하고, 재생 에너지 사용 비율을 높이고자 하는 이유는 기후 변화에 대응하기 위해서이다. 이미 세계 곳곳에서는 기후 변화로 인한 생태계의 파괴가 심상치 않게 일어나고 있음을 우리는 미래지향적 눈으로 지켜보아야 한다. 인류의 생존과 미래를 위해 사고의 근본적인 전환이 절실한 시점이다. 재생 에너지의 개발과 이용은 이제 선택의 문제가 아니라 인류의 공존을 위해 그리고 다음 세대를 위해 반드시 해결하고 넘어가야 할 우리의 숙명적 과제이다.

3 어휘 및 표현 연습

1. 아래의 문장에 알맞은 표현을 골라 쓰십시오.

| 기후 변화 | 에너지 자원 | 화석 연료 | 생태계 파괴 | 자원 고갈 |

1) 사람들의 삶에 영향을 미치는 ________________은/는 지속적인 가뭄이나 한파의 원인이 되기도 한다.

2) 석탄이나 석유와 같은 ________________은/는 우리 생활에 꼭 필요한 에너지 자원이지만 환경을 오염시킨다는 단점이 있다.

3) ________________(이)란 에너지를 만들어 내는 자연을 뜻하는 것으로. 석탄, 석유, 천연 가스 등이 있는데 점점 없어지고 있어 대체할 자원이 필요하다.

4) ________________(으)로 전 세계적으로 멸종 위기 동식물들이 늘어나고 있다.

 아래 제시된 동사와 관계없는 것을 고르십시오.

1) 들이다
   ① 공　　　　　② 시간　　　　　③ 노력　　　　　④ 큰돈　　　　　⑤ 최선

2) 전환하다
   ① 방향　　　　　② 사고　　　　　③ 인식　　　　　④ 기분　　　　　⑤ 소식

3) 나서다
   ① (상품) 홍보　　② 반격　　　　　③ 정치계　　　　④ 경기　　　　　⑤ 회의

4) 펼치다
   ① 꿈　　　　　② 정책　　　　　③ 이론　　　　　④ 소문　　　　　⑤ 생각

3. 아래의 단어를 사용하여 문장을 만들어 봅시다.

| 전망하다 | 확대되다 | 나서다 | 탈피하다 | 괄목할 만하다 |

1) ____.

2) ____.

3) ____.

4) ____.

5) ____.

4. 아래에 제시된 표현들을 본문에서 찾아 밑줄을 긋고 의미를 알아보고 6개를 선택
하여 문장을 만들어 봅시다.

-에 달하다	-에 이어	-(으)로 관측되다	-(으)로 기울다
-을/를 담당하다	-에서 탈피하다	-을/를 선언하다	-을/를 기록하다
-을/를 도입하다	-에 집중하다	-을/를 포함하다	-에 대응하다

1) ____.

2) ____.

3) ____.

4) ____.

5) ____.

6) ____.

5. 용언에 따라 달라지는 조사에 주의하면서 **보기** 와 같이 문장을 바꿔 써 봅시다.

보기　다양한 기술**이** 개발**되**고 있다.

➡　다양한 기술**을** 개발**하**고 있다.

1) 개발**이** 완료**되면** 많은 사람들이 이용할 수 있는 규모의 전력을 생산하**게 된다**.

➡ 개발**을** ____.

2) 에너지 관련 각료회의에서 '수소기본전략'**을** 채택했**다**.

➡ 에너지 관련 각료회의에서 ________________________.

3) 생존을 위해 근본적인 사고**를** 전환해야 한다.

➡ ____.

1. 2030년부터 수소를 연료로 하는 상업 발전**을 골자로 하는** '수소기본전략'을 채택했다.

> **–을/를 골자로 하다:** 일의 내용에서 중심이 된다는 표현

- 이번에 내가 회사에 제출한 계획안은 새로운 기술 개발을 주요 골자로 하고 있다.

연습 ____ .

2. 이산화탄소 배출량 감축과 에너지 자급률 향상 등 **두 마리 토끼를 잡겠다**는 목표다.

> **두 마리 토끼를 잡다:** 두 가지 일을 모두 성공하겠다는 표현

- 국제배구대회에 처음으로 참가한 우리 팀은 국제대회 첫 경험과 우승이라는 두 마리 토끼를 잡았다.

연습 ____ .

3. 세계 각국은 기후 변화에 대응하**기 위해** 재생 에너지 개발에 나서고 있다.

> **~기 위해, ~을 위해   : 목적/목표**
> ※ ~기 위해서는 + 어/아야 하다(**필요한 것(조건)**)

- 그 국악인은 우리의 전통 음악을 널리 알리기 위해 다방면으로 노력하고 있는 사람이다.

- 자신이 무엇을 위해 열심히 공부해야 하는지 알아야 지속적인 노력을 할 수 있다고 본다.

연습 ____

연습 ____ .

✎ 다음 문장을 모국어로 번역해 보십시오.

1. 재생 가능 에너지라고도 불리는 재생 에너지는 화석연료와 달리 고갈되지 않기 때문에 지속적으로 이용할 수 있는 에너지의 총칭을 말하는 것으로, 태양 에너지, 풍력, 수력, 지열, 조력, 파력 등 다양한 종류가 있다.

➡

2. 에너지 자원 고갈과 기후 변화의 부정적인 영향이 심화되면서 전 세계 여러 나라들이 에너지 수요의 충족을 위해 재생 에너지 개발에 본격적으로 뛰어들고 있다.

➡

3. 이와 같이 여러 나라에서 다양한 방법으로 재생 에너지를 개발하고, 재생 에너지 사용 비율을 높이고자 하는 이유는 기후 변화에 대응하기 위해서이다.

➡

4. 재생 에너지의 개발과 이용은 이제 선택의 문제가 아니라 인류의 공존을 위해 그리고 다음 세대를 위해 반드시 해결하고 넘어가야 할 우리의 숙명적 과제이다.

➡

'수치 자료 기술하기' 글의 구조에서 **자주 사용되는** 특징적인 표현

서론
- ~다고 진단하다/평가하다/밝히다
- ~에 대한 ~이/가 ~고 있다

현황, 예측
- ~에 따르면 ~(으)ㄹ 전망이다
- ~에 달하다
- ~%를 기록하다
- ~을/를 기준으로 보면 ~(으)ㄹ 것으로 관측되다
- ~은/는 ~에서 ~로 ~(으)ㄹ 전망이다
- ~(으)ㄹ 것으로 내다보다

변화 비교
- ~이/가 ~%씩 늘고 있다
- ~은/는 ~보다 ~% 낮아지다/높아지다/상승하다
- ~을/를 ~%까지 확대하다/감축하다

결론
- 지금까지 ~에 대해 살펴보았다
- 앞으로 ~기 위해 ~어/아야 하다

✏️ 위의 표현들을 사용하여 앞의 본문과 다른 내용으로 문장을 완성해 보십시오.

1) ____ 다고 밝혔다.

2) ____________ 에 따르면 ____________________ (으)ㄹ 전망이다.

3) ____ 에 달했다.

4) ____________ 은/는 ____________ 보다 ________ % 상승했다.

5) ____________ 을/를 ____________________ %까지 확대했다.

6) ________ 은/는 ______ 에서 ______ (으)로 ______ (으)ㄹ 전망이다.

7) 앞으로 ____________ 기 위해 ____________ 어/아야 한다.

한국은행은 28일 '2016년 1인당 국민총소득(GNI)은 2만 9745달러로 집계됐다고 밝혔다. 1인당 GNI는 한 나라의 국민이 국내외에서 벌어들인 총소득을 인구로 나눈 통계로, 한 국가 국민의 생활 수준을 파악하는 지표로 활용된다. 세계은행에 따르면 2016년 기준으로 미국, 일본, 영국, 프랑스, 네덜란드, 덴마크 등 25개국만이 1인당 GNI가 3만 달러를 넘는다고 한다.

〈표현〉　~다고 진단하다/평가하다/밝히다
　　　　　~에 따르면 ~다/라고 한다.
　　　　　~고 있는 실태이다, ~는 것으로 나타나다

• 한국은 OECD 국가 중 평균 수면 시간이 최하위인 것으로 나타났다.

• 그 보고서는 해조류인 감태에 수면을 도와주는 성분이 있다고 밝혔다.

 아래의 주제 중 하나를 골라 서론에 자주 사용되는 표현들을 사용하여 서론을 써 봅시다.

| 멸종 위기 언어 | 국가별 평균 수면 시간 | 그 외 관심 주제 |

연습1

연습2

지난해 우리나라의 1인당 국민소득이 2만 9745달러를 기록했다. 올해 우리나라의 1인당 국민소득이 2만 달러를 돌파한 지 13년 만에 3만 달러를 돌파할 가능성이 높아졌다. 지난해 한국의 경제성장률도 3년 만에 3%대를 회복했다.

2006년 처음으로 2만 달러에 진입한 1인당 국민소득은 글로벌 금융위기 때 1만 달러대로 떨어졌다가 2011년부터 다시 증가세를 이어왔다. 우리나라와 유사하게 현재 인구가 2000만 명 이상이면서 국민소득이 3만 달러가 넘는 국가는 8개국이다.

〈표현〉　~(으)ㄹ 가능성이 높다
　　　　~에 진입하다
　　　　~을/를 기록하다, ~을/를 돌파하다
　　　　~보다 ~는 것으로 나타나다

- 마블 '어벤져스 4 엔드게임' 영화가 흥행 기록 28억 달러를 돌파했다.

- 아카데미 4관왕에 빛나는 영화 '기생충'이 북미 박스오피스 Top 10에 진입했다.

아래의 주제 중 하나를 골라 자주 사용되는 표현들을 사용하여 본론을 써 봅시다.

멸종 위기 언어	국가별 평균 수면 시간	그 외 관심 주제

연습

작년 소득을 보면 가계나 기업에 비해 정부의 소득이 상대적으로 커졌다. 지난해 가계 맘대로 소비와 저축으로 처분할 수 있는 국민총처분가능소득은 1722조 5000억 원으로 전년보다 5.1% 늘었다. 이 가운데 가계 소득비중은 56.0%(964조 2000억 원)으로 집계됐다. 전년(56.3%)보다 비중은 줄었지만, 증가율은 4.5%였다. 기업소득 비중 역시 2016년 20.6%에서 지난해 20.0%(348조 5000억 원)로 0.4%포인트 줄었다. 지난해 정부소득 비중은 23.8%(409조 8000억 원)로 2016년보다 0.7%포인트 커졌다.

〈표현〉 ~이/가 ~%씩 늘고 있다

~으로 집계되다

~에서 ~(으)로 줄다/낮아지다/감소하다

~은/는 ~보다 ~% 늘다/높아지다/상승하다/커지다

• 암 환자가 작년에 비해 늘어난 것으로 집계되었다.

• 합계출산율이 지난해보다 0.06명이 감소한 0.92명으로 나타났다.

✎ 아래의 주제 중 하나를 골라 자주 사용되는 표현들을 사용하여 본론을 써 봅시다.

| 멸종 위기 언어 | 국가별 평균 수면 시간 | 그 외 관심 주제 |

연습

　　2017년도에 경제가 3%대 성장세를 회복하며 1인당 국민총소득(GNI)이 3만 달러 턱밑까지 올라섰다. 한국은행이 밝힌 바와 같이 지난해는 3년 만에 3%대 성장하고 달러 대비 원화가치가 연평균 2.6% 상승하며 달러화 기준 국민소득이 크게 늘었다. 2018년에 3% 성장을 달성하고 원화 가치의 급락이 없다면 1인당 국민총소득(GNI) 3만 달러에 진입할 것으로 전망된다.

<표현>　~이/가 밝힌(조사한) 바와 같이
　　　　　앞으로 ~(으)면 ~(으)ㄹ것으로 전망하다
　　　　　앞으로 ~기 위해 ~어/아야 할 것이다

- 보스턴 연방준비은행 총재는 앞으로 1~2주 후면 시장이 안정화될 것으로 전망했다.

- 앞으로 게임 한류를 이끄는 선봉이 되기 위해 지금과 같은 아낌없는 투자가 이루어져야 할 것이다.

아래의 주제 중 하나를 골라 결론에 자주 사용되는 표현들을 사용하여 결론을 써 봅시다.

| 멸종 위기 언어 | 국가별 평균 수면 시간 | 그 외 관심 주제 |

연습

※ 앞에서 연습한 주제 중 하나를 골라 완성된 글을 써 봅시다.

제목:

※ 앞의 읽기 텍스트를 여러분의 모국어로 번역해 봅시다.　　　　걸린 시간: ___________분

제목:

※ 여러분의 모국어로 번역한 텍스트를 한국어로 역번역해 봅시다.　　　　걸린 시간: __________분

100

200

300

400

500

600

700

800

사례1 · 호응 표현

원문

최근 국제에너지기구(IEA)가 발간한 '2017 세계에너지 전망'(World Energy Outlook 2017) **보고서는** 화석연료 시대의 종말을 앞두고 그간 비용 문제로 지지부진했던 재생 에너지가 약진하고 **있다고 진단했다.**

학생

① 최근 세계에너지 기구가 발행한 '2017 세계 에너지 전망' 보고서**에 따르면** 화석 연료 시대의 종말이 빨리 오고 있**다며** 경제적 비용 때문에 멈추었던 재생 에너지를 신속히 발전하고 있다.

② 최근 국제에너지기구(IEA)가 발간한 '2017 세계에너지 전망'(World Energy Outlook 2017) 보고서**에 따르면** 화석연료의 시대가 곧 끝날 무렵에 그간 경제적 제약으로 지지부진했던 재생 에너지가 약진하고 있**다고 밝혔다.**

➡ 원문의 '보고서는 ~다고 진단했다'를 학생들이 역번역을 하면서 다른 표현으로 바꾸어 쓰고 있다. 그러나 ①번 문장은 '-에 따르면'과 마지막 종결어미의 호응이 자연스럽지 않고 ②번 역시 '-에 따르면 ~다고 밝혔다'의 호응이 자연스럽지 않다.

사례2 · 다른 표현

원문

국제에너지기구 보고서에 따르면 2040년의 전 세계 에너지 수요는 2016년**에 대비하여** 30% 가량 늘어날 전망이다.

학생

① 국제에너지기구에 따르면 2040년 전 세계 에너지 소요는 2016년**에 대해** 30%를 급격하게 증가할 전망이다.

② 국제 에너지 기구에 따르면 2040년 전 세계 에너지 수요는 2016년**에 비해** 약 30%를 증가할 것이며

③ 국제 에너지 기구 보고서에 따르면 2040년 전 세계 에너지 수요가 2016년**보다** 가량 30% 성장할 것이라고 밝혔다.

➡ 원문의 '-에 대비하다' 표현을 ②번 ③번 문장의 '-에 비해, -보다'와 같이 다른 표현으로 번역할 수도 있으나 ①의 '-에 대해'는 적절하지 않다.

고령 사회의 문제점과 대책

1. 고령화 사회란 무엇입니까?

2. 고령화 사회가 되면 어떤 문제점이 있을까요?

3. 이런 문제를 해결하기 위해 어떤 대책이 필요할까요?

1 도입

1. 아래의 단어와 표현의 의미를 여러분의 모국어로 알아봅시다.

한국어	모국어
고령화	
재앙	
생산성	
노동력	
악영향	
걸림돌	
연금 소득	
책무	
증대되다	
확보하다	
일자리 창출	
제도적 보완	
재정 적자	
참여율	
장기요양	
미흡하다	
경기 침체	
유지되다	
경제 성장률	
누리다	
협조하다	
뒷받침	

고령 사회의 문제점과 대책

　　우리나라는 현재 OECD 국가 중 고령화가 가장 빠르게 진행되고 있다. 2018년에 65세 이상이 14.3%인 고령사회가 되었고, 730만 명에 달하는 한국의 베이비부머(1955~1963년)들이 올해부터 차례로 고령 인구에 진입하게 되어 2025년이 되면 우리나라는 고령인구가 20%를 넘는 초고령 사회가 된다. 통계청이 발표한 '세계와 한국의 인구 현황 및 전망' 보고서에 따르면 2045년이 되면 한국이 65세 이상 고령인구 비율이 세계 1위가 될 것이라고 한다. 그리고 2065년이면 65세 이상의 인구가 무려 전체 인구의 76%를 차지하여 국민 한 사람이 서너 사람을 먹여 살려야 하는 국가가 된다(『조세재정브리프』(한국조세재정연구원 2018).

　　물론 건강에 대한 관심의 증대와 의학의 발달로 인간의 수명이 늘어나는 것은 축복이지만 국가적으로는 적지 않은 부담이 되는 것이 사실이다. 고령 인구의 증가는 노동력의 감소, 생산성 하락으로 이어져 경제성장률이 낮아지기 마련이고, 고령 인구 증가에 따른 복지비용이 증가하면 국가 재정에 악영향을 주게 되고 국가 경제 성장에 걸림돌이 되기 때문이다. 이러한 이유로 인구의 고령화를 미래의 재앙으로 보는 시각들도 많다. 정부에서도 이를 인식하여 노인의 일자리 창출과 노인복지 제도 개선 등의 대책을 추진하고 있지만, 이러한 제도적 보완만으로 고령화로 인한 문제점들을 제대로 해결할 수 없다. 현재 우리나라는 노인 상대 빈곤율이 매우 높아 노후 보장을 위한 3대 연금인 국민연금, 퇴직연금, 개인연금만으로는 실질적인 노후 보장에 미흡할 뿐만 아니라 그러한 노인 복지 정책이 자칫 밑 빠진 독에 물 붓기 식이 되어 정책의 지속 가능성 면에서도 위협을 받기 때문이다. 고령화 대책을 세워야 경제성장률도 높이고 재정적자로 인한 위기도 피할 수 있다. 따라서 고령 인구 증가에 대한 장기적이고 실질적인 대응전략이 필요하다.

　　첫째, 현재의 복지 정책을 보다 실질적으로 확대해야 한다. 국가가 빈곤층을 위해 제도적으로 지원하고 있다고 하지만 복지 정책의 사각지대에 놓여 있거나 낮은 수준의 급여를 받고 있는 노인들을 대상으로 사회보장을 강화해 나가는 정책이 절대적으로 필요하다. 노령, 질병, 실업, 재해 등 사회적 위험에 직면한 개인에게 재정적으로 지원하는 사회복지지출(Social Expenditure) 비용이 우리나라는 OECD 평균의 절반 수준에 그치고 있음을 볼 때 지금의 복지 정책이 얼마나 미흡한지 알 수 있다.

　　둘째, 노인 일자리 및 사회활동 지원 사업을 확충해야 한다. 위에서 언급한 바와 같이 현재의 3대 연금만으로는 노인들이 빈곤에서 벗어나기 어렵기 때문에 일자리는 노인들에 대한 사회안전망 강화를 위해 필요한 사업일 뿐만 아니라 노인들의 삶의 만족도를 높이는 데에도 크게 기여한다. 그런데 여기서 중요한 것은 그 일자리가 일정 소득을 보장해 주는 질적으로 건강한 일자리여야 한다는 것이다. 우리나라는 고령 근로자들의 노동 참여율은 높은 편이나 직무 안정성,

임금, 사회보험 측면에서 일자리의 질이 낮은 편이어서 국가에서는 임금 조건을 향상시킬 수 있는 일자리를 마련하는 정책을 펼쳐야 할 것이다.

셋째, 노인들을 대상으로 하는 장기요양 보호제도가 강화되어야 한다. 고령화로 인해 거동이 불편한 노인들에 대한 신체활동이나 일상생활에서의 지원은 이제 개인이나 가정의 문제를 넘어 사회적·국가적 책무가 되었다. 이미 선진국에서는 물론 우리나라에서도 장기요양 보호제도를 도입하여 운영하고 있지만 보다 많은 사람들을 대상으로 보다 많은 지원을 할 수 있도록 뒷받침되어야 할 것이다. 이를 통하여 자기 스스로 일상생활을 꾸려가기 어려운 노인들의 건강증진과 생활안정을 도모하고 그 가족의 부담을 덜어줌으로써 국민의 삶의 질이 향상되도록 하여야 할 것이다.

고령화는 이제 피할 수 없는 사회현상이다. 모든 사람이 행복한 노년을 즐길 수 있는 축복을 누리기 위해서는 경제적인 문제와 건강의 문제가 해결되어야 한다. 이를 위해서는 국가가 올바른 정책을 수립하여야 하고 국민들은 국가가 그런 정책을 잘 펼쳐나갈 수 있도록 최대한 협조하여야 할 것이다. 누구나 때가 되면 늙기 마련이기 때문이다.

3 ## 어휘 및 표현 연습

1. 아래의 문장에 알맞은 단어를 골라 쓰십시오.

일자리 창출	노인 복지	사회 안전망	제도적 보완

1) 최근 그 도시는 관광지로 부각되면서 ＿＿＿＿＿＿＿＿＿＿의 효과로 지역 경제가 활성화되고 있다.

2) 핵가족화와 노인 인구의 증가로 이제는 ＿＿＿＿＿＿＿＿＿＿에 관심을 기울여야 할 시점이다.

3) 최저임금은 적정임금의 하한선을 정한 것으로, 경제적 취약계층에게 인간다운 삶을 보장하기 위한 최소한의 ＿＿＿＿＿＿＿＿＿＿이라고 할 수 있다.

4) 한 정신과 전문의는 우울증 환자의 증가를 막기 위해서는 현재 정책의 ＿＿＿＿＿＿＿＿＿＿＿＿＿＿＿＿이/가 필요하다고 주장했다.

2. 아래에 제시된 단어와 어울리지 않는 하나를 고르십시오.

1) 확보하다

① 증거   ② 자금   ③ 원인   ④ 경쟁력

2) 겪다

① 변화   ② 생활   ③ 어려움   ④ 시행착오

3) 대책

① 세우다   ② 경고하다   ③ 강구하다   ④ 마련하다

4) 재앙

① 당하다   ② 닥치다   ③ 느끼다   ④ 피하다

3. 아래의 단어를 사용하여 문장을 만들어 봅시다.

| 미흡하다 | 도모하다 | 수립하다 | 추진하다 | 도입하다 | 운영하다 |

1) ____.

2) ____.

3) ____.

4) ____.

5) ____.

4. 아래 표현에서 여섯 개를 골라 문장을 만들어 봅시다.

-을/를 추진하다	**-을/를** 인식하다	**-에** 달하다
-에서 벗어나다	**-에** 직면하다	**-을/를** 차지하다
-을/를 펼치다	**-(으)로** 이어지다	**-(으)로** 인한

1) ____.

2) ____.

3) ____.

4) ____.

5) ____.

6) ____.

5. 용언에 따라 달라지는 조사에 주의하면서 보기 와 같이 문장을 바꿔 써 봅시다.

> 보기 노인들의 삶의 만족도를 **높이는** 방안을 찾아야 한다.
>
> ➡ 노인들의 삶의 만족도가 **높아지는** 방안을 찾도록 해야 한다.

1) 무엇보다 중요한 것은 물가를 안정시키는 것이다.

➡ ____.

2) 자신의 잠재력을 높일 수 있는 여러 가지 방법들을 찾아야 한다.

➡ ____.

3) 경제적인 문제와 건강의 문제가 해결되어야 한다.

➡ ____.

1. 인구의 고령화를 미래의 재앙으로 보는 시각들이 많다.

> **~(으)로 보는 시각이 있다/많다:** 다른 사람의 의견을 밝힐 때 사용한다.

- 과거와 달리 결혼을 하지 않는 것을 긍정적으로 보는 시각도 있다.

연습 ____.

2. 복지 정책의 사각지대에 놓여 있거나 낮은 수준의 급여를 받고 있는 노인들을 대상으로 사회보장을 강화해 나가는 정책이 절대적으로 필요하다.

> **~에 놓여 있다:** 상태 지속을 나타낼 때 사용한다.

- 청년 인구의 1/3이 실업 및 불안정 고용 상태에 놓여 있다.

연습 ____.

3. 3대 연금인 국민연금, 퇴직연금, 개인연금만으로는 실질적인 노후 보장에 미흡할 뿐만 아니라 그러한 노인 복지 정책이 자칫 밑 빠진 독에 물 붓기 식이 되어 정책의 지속 가능성 면에서도 위협을 받기 때문이다.

> **N뿐만 아니라 ~도:** 두 가지를 나열할 때 쓰는 표현으로, 두 가지 명사는 같은 그룹에 속하는 명사여야 한다.

- 봉준호 감독의 영화 '기생충(PARASITE)'이 101년 한국 영화 역사뿐만 아니라 92년 오스카 역사도 새로 썼다는 평가를 받고 있다.

연습 ____.

4. 노인 복지 정책이 자칫 밑 빠진 독에 물 붓기 식이 되어 정책의 지속 가능성 면에서도 위협을 받고 있다.

> **밑 빠진 독에 물 붓기:** 항아리 밑 부분에 구멍이 있으면 아무리 물을 부어도 채울 수 없다는 뜻으로, 아무리 애를 써도 보람이 없는 일을 비유적으로 이르는 말이다.

- 낭비가 심한 동생에게 용돈을 주는 것은 밑 빠진 독에 물 붓기와 같다.

연습 ____.

5 # 핵심 문장 모국어로 번역하기

✏️ 다음 문장을 모국어로 번역해 보십시오.

1. 통계청이 발표한 '세계와 한국의 인구 현황 및 전망' 보고서에 따르면 2045년이 되면 한국이 65세 이상 고령인구 비율이 세계 1위가 될 것이라고 한다.

➡ ____

____.

2. 고령 인구 증가에 따른 복지비용이 증가하면 국가 재정에 악영향을 주게 되고 국가 경제 성장에 걸림돌이 된다. 이러한 이유로 인구의 고령화를 미래의 재앙으로 보는 시각들도 많다.

➡ ____

____

____.

3. 고령화는 이제 피할 수 없는 사회현상이다. 모든 사람이 행복한 노년을 즐길 수 있는 축복을 누리기 위해서는 경제적인 문제와 건강의 문제가 해결되어야 한다.

➡ ____

____.

4. 고령화 대책을 세워야 경제성장률도 높이고 재정적자로 인한 위기도 피할 수 있다. 따라서 고령 인구 증가에 대한 장기적이고 실질적인 대응전략이 필요하다.

➡ ____

____.

'문제점과 대책'을 다루는 글의 구조에서 **자주 사용되는** 특징적인 표현

현황, 문제 제기
- **현재** 우리의 고령화 속도가 세계 1위를 달리고 있다.
- 60세 이상 노인 인구가 14세 이하의 아동 인구를 크게 앞지르는 대역전 현상이 빚어질 것이**라고 경고했다.**

문제점
- 국가의 성장 잠재력이 줄어드는 부작용도 문제가 되지만 단기적으로는 노인복지**가 가장 큰 문제이다.**
- 앞으로 노인 인구가 늘어나면서 이 문제는 더욱 심각해질 것**으로 전망된다.**

대책, 해결방안
- 노인복지를 높이**기 위해서는** 무엇보다도 노인 계층의 실질 소득이 높아지도록 **해야 한다.**
- 그러므로 복지 예산의 확대**뿐만 아니라** 개인의 연금 저축을 늘려서 노인 복지에 대한 정부 부담을 줄이는 것**도 중요하다.**
- <u>따라서</u> 정부는 우선 예산의 0.4%에 불과한 노인 복지 예산을 크게 늘**려야 한다.**

본론 요약
- 고령화에 대한 대책을 세**워야** 성장 잠재력이 높아져 재정 적자로 인한 위기를 피**할 수 있다.**
- 이에 대한 정부의 적극적인 대책**이 시급히 요구된다.**

위의 표현들을 사용하여 앞의 본문과 다른 내용으로 문장을 완성해 보십시오.

1) 최근 ＿＿＿＿＿＿＿＿＿＿＿＿＿＿＿＿＿＿＿＿＿＿＿＿＿＿고 있다.

2) ＿＿＿＿＿＿＿＿＿＿＿＿＿＿＿＿＿＿＿＿＿＿＿이/가 가장 큰 문제이다.

3) 이 문제는 ＿＿＿＿＿＿＿＿＿＿＿＿＿＿＿＿＿(으)ㄹ 것으로 전망된다.

4) ＿＿＿＿＿＿＿＿＿＿＿기 위해서는 ＿＿＿＿＿＿＿＿＿＿＿어/아야 한다.

5) ＿＿＿＿＿＿＿＿＿＿ N/(으)ㄹ 뿐만 아니라 ＿＿＿＿＿＿＿＿＿＿

6) 따라서 먼저 ＿＿＿＿＿＿＿＿＿＿＿＿＿＿＿＿＿＿＿＿＿＿＿＿.

7) 이에 대한 ＿＿＿＿＿＿＿＿＿＿＿＿＿＿＿＿＿＿＿＿＿＿＿＿.

통계청 자료에 따르면 2015년 3,744만 명이었던 경제 활동 인구가 2065년에는 2062만 명까지 떨어질 것이라고 한다. 이에 따라 고령화의 영향이 노동시장에 본격적으로 반영되면 노동력 부족 현상이 발생하게 될 것이라는 우려가 제기되고 있다.

〈표현〉 ~고 있다
~는 실정이다
-에 의하면/따르면 ~라고 한다

• 음주운전 사고가 전체 교통사고의 9%를 차지하고 있다.

• 음주운전 사고가 전체 교통사고의 9%를 차지하고 있는 실정이다.

• 뉴스 보도에 의하면 가뭄이 심해져서 일부 지역은 제한 급수를 시행한다고 한다.

 서론에 자주 사용되는 표현들을 사용하여 아래의 주제에서 하나를 골라 서론을 써 봅시다.

물부족 현상의 문제점	저출산 현상의 문제점
사이버 폭력의 문제점	청년 실업의 문제점

연습1

연습2

한국은 2000년 고령화 사회에 진입한 후 17년 만인 2017년에 고령사회로 접어들었다. 한국의 고령화는 일본이나 다른 선진국들의 고령화보다 더 빠른 속도를 보여 고령사회에 따른 문제가 사회적 이슈가 되고 있다. 짧은 시간에 고령 인구가 급속도로 증가하면서 여러 가지 문제점이 나타나고 있다. 먼저, 고령 인구의 증가로 국가의 재정적 부담이 늘어난다는 것을 문제점으로 들 수 있다. 고령 인구는 경제 활동을 할 수 없는 나이이므로 소득이 없는 데다가 의료 비용은 증가하기 때문에 국가가 부담하게 되는 복지 비용이 늘어나게 된다. 또한 노인들의 일자리 창출을 위해 정년 연장과 같은 제도를 보완하면 젊은 층의 일자리가 더 좁아지는 부작용도 생길 수 있다.

〈표현〉 ~면서 문제점이 나타나고 있다.
- 등의/~라는 문제들이 나타나고 있다
- 는 것을 문제점으로 들 수 있다/ 꼽을 수 있다

- 단기적으로는 노인복지가 가장 큰 문제이다.

- 이 문제는 더욱 심각해질 것으로 전망된다.

- 고령화로 인해 노동력 감소, 경기 침체라는 문제들이 나타나고 있다.

 본론에 자주 사용되는 표현들을 사용하여 서론에서 고른 주제로 본론을 써 봅시다.

물부족 현상의 문제점	저출산 현상의 문제점
사이버 폭력의 문제점	청년 실업의 문제점

연습

고령화 문제를 해결하기 위해 여러 가지 대책이 필요하다. 우선 노동력의 감소를 막기 위해 출산율을 높이는 것이 하나의 방법이 될 수 있다. 출산율을 높여 경제 활동 인구가 늘어야 고령화가 국가 재정에 끼치는 부정적인 영향을 막을 수 있기 때문이다. 둘째, 젊은 층이 짊어져야 할 경제적 부담을 줄여주기 위해서는 노인들을 위한 일자리를 창출해야 한다. 고령자에게 재취업 교육을 실시하거나 퇴직 연장과 같은 방법을 마련하여 계속 일할 수 있도록 해주어야 한다. 또한 퇴직 연금 제도의 개선으로 편안한 노후를 보장하는 것이 바람직하다. 마지막으로 고령 인구를 위한 의료, 문화 시설 등의 확충을 통한 사회 보장 제도를 확립해야 한다.

〈표현〉 ~는 것이 좋다/~해야 한다/~하도록 해야 한다
~기 위해서는 ~는 것이 바람직하다/중요하다
~는 것이 하나의 방법이 될 수 있다

- 음주 운전을 단속하고 벌금을 부과하는 것을 강화해야 한다.

- 음주 운전을 단속하고 벌금을 부과하는 것을 강화하는 것이 좋다.

- 노인복지를 높이기 위해서는 무엇보다도 노인 계층의 실질소득이 높아지도록 해야 하기 때문이다.

자주 사용되는 표현들을 사용하여 앞에서 고른 주제로 본론2 대책을 써 봅시다.

물부족 현상의 문제점	저출산 현상의 문제점
사이버 폭력의 문제점	청년 실업의 문제점

연습

지금까지 고령화의 문제점과 대책에 대해 살펴보았다. 사회의 한 구성원인 고령 인구를 주체로 인식하고 국가적인 차원에서의 좀 더 구체적인 대책이 마련되어야 할 것이다. 또한 고령 인구에 대한 인식의 변화가 이루어진다면 이런 사회 문제를 좀 더 쉽게 해결할 수 있을 것이다.

〈표현〉 지금까지 –에 대해 살펴보았다

~의 필요성이 있음을 알 수 있다

~의 대책이 시급히 요구된다

앞으로 ~어/아야 할 것이다

앞으로 ~(으)ㄹ 필요가 있다

따라서 –이/가 불가피하다

- 이에 대한 정부의 적극적인 대책이 시급히 요구된다.

- 지금까지 고령화의 문제점과 대책에 대해 살펴보았다.

- 앞으로 고령 인구에 대한 가정과 사회, 그리고 정부의 각별한 관심이 있어야 할 것이다.

- 따라서 이러한 문제를 해결하기 위해 국가와 사회 구성원의 협력이 불가피하다.

✏️ 결론에 자주 사용되는 표현들을 사용하여 앞에서 고른 주제로 결론을 써 봅시다.

물부족 현상의 문제점	저출산 현상의 문제점
사이버 폭력의 문제점	청년 실업의 문제점

연습

※ 지금까지 연습한 것을 바탕으로 하나의 완성된 글을 써 봅시다.

제목:

※ 앞의 읽기 텍스트를 여러분의 모국어로 번역해 봅시다.　　　　걸린 시간: __________분

제목:

※ 여러분의 모국어로 번역한 텍스트를 한국어로 역번역해 봅시다.   걸린 시간: __________분

500

600

700

800

사례1   접속 표현 누락

원문

그러나 **이러한** 제도적 보완만으로 고령화로 인한 노인복지의 문제를 해결할 수 없다.

학생

① 그러나 ∅ 제도적 보완만으로 고령화로 인한 노인복지의 문제를 해결할 수 없다.

➡ 원문에 있는 '이러한' 접속부사가 학생들의 역번역 문장에서는 누락되는 경우가 많다. 앞의 문장에서 제도적 보완으로 언급한 것들을 다시 가리키는 기능을 하는 '이러한'이 누락되면 어떠한 제도적 보완인지 명확해지지 않는다. 그러므로 접속부사의 번역에 주의해야 한다.

사례2   글쓴이의 태도/의견 표현 누락

원문

고령화 대책을 세**워야** 경제 성장률도 높이고 재정적자로 인한 위기도 피**할 수 있다.**

학생

① 고령화 대책을 세**워야** 경제 성장률도 높이고 재정적자로 인한 위기도 **피한다.**

➡ 글쓴이는 위기를 피할 수 있는 방법으로 '고령화 대책을 세워야 한다'는 주장을 하고 있다. 이때 글쓴이의 의견을 다른 사람들이 거부감 없이 받아들일 수 있도록 객관적으로 표현하는 방법인 '-(으)수 있다'를 사용하고 있다. 번역을 할 때 글쓴이의 태도나 의견이 제대로 번역되어야 좋은 번역이라고 할 수 있다.

8과

별의 일생과 종류

1. 별은 어떻게 만들어질까요?

2. 별은 크기와 색깔이 다 같을까요?

3. 별은 어떻게 소멸할까요?

1 도입

1. 아래의 단어와 표현의 의미를 여러분의 모국어로 알아봅시다.

한국어	모국어
천체	
핵융합	
항성	
행성	
위성	
혜성	
분류하다	
육안(으로)	
내뿜다	
표면 온도	
분광형	
스펙트럼	
잔해	
진화	
진화 정도에 따라	
수소 가스	
밀도가 높아지다	
한계에 이르다	
방출하다	
(반응을) 일으키다	
생성과 소멸	
덧붙이다	
자양분	

별의 일생과 종류

우리는 하늘의 모든 천체를 별이라 하는데, 천문학에서는 태양처럼 스스로 빛을 내는 항성을 별이라 하며, 항성에서 나오는 빛을 반사하여 빛나는 행성, 위성, 혜성 등으로 명명한다. 별이 스스로 빛을 낼 수 있는 것은 핵융합을 통한 내부의 에너지를 활용하기 때문이다. 이렇게 볼 때, 태양은 별이지만 지구나 금성, 목성 또는 달과 같은 천체는 별이 아니다. 별들은 그 종류가 다양하여, 각각의 별들이 가진 특성에 따라 별의 종류를 분류할 수 있다. 이 글에서는 별의 종류에 대해 살펴보고, 별들의 일생, 즉 별의 생성과 소멸에 대해 살펴보도록 한다.

별은 밝기와 색깔에 따라 구분된다. 먼저 별을 밝기에 따라 분류해 보면, 그리스의 천문학자 히파르코스(Hipparchos)는 약 800개의 별의 위치와 밝기를 6개의 등급으로 분류하여, 육안으로 흐릿하게 보이는 별을 6등성, 가장 밝게 보이는 별을 1등성으로 표시하였다. 그런데 눈에 보이는 별의 밝기와 실제로 별이 내뿜는 밝기는 달라서 눈으로 봤을 때 얼마나 밝은가를 표시한 겉보기 등급(實視等級, apparent magnitude)과 그 별의 실제 밝기인 절대 등급(絶對等級, absolute magnitude)을 구별한다.

또 별은 저마다 고유의 색깔을 가지고 있는데 그 색깔은 별의 표면 온도를 나타낸다. 온도로 별을 분류할 때는 일곱 가지 분광형을 사용한다. 스펙트럼형이라고도 하는 이 분류법은 A에서 약한 P까지 알파벳순으로 나누었으나 이후 온도가 높은 순으로 재분류하여 O, B, A, F, G, K, M(한 칸씩 띄어 씀) 유형으로 정리하였다. 온도가 가장 높은 O형은 색깔이 청색이고 나머지는 순서대로 청백색, 백색, 황백색, 황색, 주황색이다. 마지막 M형은 적색이다. 우리가 아는 태양은 황색으로 G형에 속한다. 그리고 각 유형은 다시 10등분하여 0~9로 나누어진다. 예를 들면 A5는 A0와 F0형 별의 중간에 해당되며 양쪽의 특징을 반씩 가지고 있다고 볼 수 있다.

또 하나 흥미로운 것은 별에게도 일생이 있어 탄생과 성장, 소멸의 단계가 존재한다는 것이다. 별은 성운에서 탄생한다. 성운이란 우주 공간에 떠다니던 먼지와 티끌, 수소 가스 등이 모여서 덩어리로 만들어진 물질이다. 이 성운이 밀도가 점점 높아져 한계에 이르면, 모여 있던 수소 가스가 핵융합 반응을 일으키고 스스로 불에 타면서 빛과 열을 방출하기 시작한다. 이렇게 하여 원시별이 탄생하게 된다. 원시별이 역학적으로 안정된 단계에 들어서면 주계열 단계로 진화한다. 주계열 단계란 별의 중심부에서 수소의 핵융합 반응이 일어나는 전체적인 진화단계를 말하는데, 이 기간이 별의 일생 중 가장 긴 시간을 차지한다. 이때 별의 내부 온도가 상승함에 따라 별은 조금씩 커진다. 주계열 단계를 거치면서 중심부의 수소를 다 태우고 나면 별은 진화의 마지막 단계로 접어들어 몇 가지 과정을 거쳐 소멸하게 된다. 초신성이나 중성자별, 블랙홀 등이 이 마지막 단계에 나타나는 현상이다. 이때 별들의 잔해는 다시 우주 공간의 물질로 남게 된다.

지금까지 우리는 밝기와 온도에 따른 별의 종류와 일생에 대해 살펴보았다. 별들의 밝기, 스펙트럼 분광형, 진화 정도에 따른 분류를 통해 별들의 특성을 더 쉽게 이해할 수 있었다. 지구상의 동식물들도 태어나 죽으면 다시 흙으로 돌아가서 새로운 생명의 자양분이 되는 것과 같이 별들도 폭발한 잔해들이 우주 공간에 흩어져서 성운이 되고, 이 성운 속의 물질들이 모여 또다시 새로운 별이 만들어진다고 한다. 별들의 삶에서도 우리 인간의 일생이 보이는 듯하다. 다만 한 가지 차이가 있다면 기간이다. 인간의 평균 수명이 대략 100년이라 한다면 태양과 같은 별의 수명은 보통 약 100억 년이다. 우주에서의 삶에 비한다면 인간의 삶은 하루살이에 불과하다고 할 수 있다.

3 어휘 및 표현 연습

1. 아래의 문장에 알맞은 표현을 골라 쓰십시오.

| 표면 온도 | 우주 공간 | 생성과 소멸 | 진화 정도 | 생명의 자양분 |

1) 태풍의 ________________은/는 해수면의 온도와 밀접한 관련이 있다. 해수면의 온도가 26℃ 이상이고 공기의 소용돌이가 있을 때 적도 부근 해상에서 발생한다.

2) 온갖 미생물이 자생하고 있어서 토양은 ________________이/가 가득하다고 할 수 있다.

3) 지구를 포함하는 천체 사이의 대기 공간을 ________________(이)라고 한다.

4) 자동차의 색깔에 따라 자동차의 ________________이/가 다르다고 한다. 특히 뜨거운 여름철에는 차이가 많이 나는데, 검은색 자동차가 가장 온도가 높고 흰색이 가장 온도가 낮다고 한다.

2. **아래의 단어 중 다섯 개를 골라 문장을 만들어 봅시다.**

| 반사하다 | 흩어지다 | 내뿜다 | 표시하다 | 소멸하다 | 덧붙이다 | 방출하다 |

1) ____.

2) ____.

3) ____.

4) ____.

5) ____.

3. **보기** 와 같이 동일한 의미가 되도록 문장을 바꿔 써 봅시다.

> **보기** 사람들**을** 몇 개의 그룹으로 나누었다.
>
> ➡ 사람들**이** 몇 개의 그룹으로 나뉘어졌다.

1) 별의 생성과 소멸의 속도는 블랙홀의 질량이 결정한다.

   ➡ 블랙홀에 질량에 의해 _______________________________________.

2) 태양처럼 스스로 **빛을 내는** 항성을 별이라 한다.

   ➡ ____.

3) 각 유형은 10등분하여 0~9로 나누어진다.

   ➡ 각 유형을 ____.

4. 아래 표현에서 6개를 골라 문장을 만들어봅시다.

-을/를 내다	**-에** 속하다	**-에** 이르다	**-에** 따라(서)
-을/를 거쳐	**-에** 해당되다	**-에** 비해서	**-(으)로** 나누다
-에 불과하다	**-을/를** 일으키다	**-을/를** 덧붙이다	**-이/가** 모이다

1) ____.

2) ____.

3) ____.

4) ____.

5) ____.

6) ____.

5. 아래에 짝지어진 단어나 표현은 서로 바꾸어 쓸 수 있는 것들이지만 바꿔 쓸 수 없는 경우도 있습니다. 문장에 알맞은 것을 골라 써봅시다.

일생, 삶	구별하다, 분류하다
특징, 특성	-에 속하다 , -에 해당하다

1) 우리는 옳고 그른 일들을 (   ) 줄 알아야 한다.

2) 자격 조건에 (   ) 사람만 장학금을 신청할 수 있다.

3) 그 일은 나의 (   )동안 잊을 수 없는 일이다.

4) 우리 학교는 행정상으로 경기도에 (   ).

5) 이 그림은 그 화가의 성향을 보여주는 (   )적인 작품이다.

6) 높임법의 발달은 우리말의 두드러진 (   )이다.

1. 별은 다른 별의 빛을 반사하여 빛나는 행성, 위성, 혜성 등과 구별된다.

> **~은/는 -와/과 구별되다/구별하다:** 차이에 따라 나눌 때 사용하는 표현

- 사화(史話)는 실제로 있었던 역사적 사실에 근거하여 만들어졌다는 점에서 전설과 구별된다.

연습 ____ .

2. 우리가 아는 태양은 황색으로 G형에 속한다.

> **-에 속하다/ 해당되다:** 어떤 범위에 관계되어 딸린다는 뜻

- 한국어는 알타이 어족에 속한다는 학설이 일반적이다.

연습 ____ .

3. 예를 들면 A5는 A0와 F0형 별의 중간에 해당되며 양쪽의 특성을 반씩 가지고 있다고 볼 수 있다.

> **~다고 볼 수 있다:** '-다고'가 인용의 표지이지만 다른 사람의 의견을 인용하기보다는
> 자신의 견해(생각)를 밝힐 때 사용하는 표현으로 사용

- 한국의 고령화 사회는 저출산 현상과 관계가 있다고 볼 수 있다.

연습 ____ .

4. 밀도가 높아져 한계에 이르면 모여 있던 수소와 헬륨이 핵융합 반응을 일으키며 빛과 열을 방출하기 시작한다.

> **-에 이르다:** 어떤 정도나 범위에 미치다   ※'이르러서' 활용 주의

- 케이블 연결에 기반한 랜(LAN: Local Area Network)은 1970년대부터 개발되어 1990년대에 이르러서는 완전히 대중화되었다.

연습 ____ .

✏ 다음 문장을 모국어로 번역해 보십시오.

1. 인간의 평균 수명이 대략 100년이라 한다면 태양과 같은 별의 수명은 보통 약 100억 년이다. 우주에서의 삶에 비한다면 인간의 삶은 하루살이에 불과하다고 할 수 있다.

➡ ____

____.

2. 우리는 하늘의 모든 천체를 별이라 하는데, 천문학에서는 태양처럼 스스로 빛을 내는 항성을 별이라 하며, 항성에서 나오는 빛을 반사하여 빛나는 행성, 위성, 혜성 등으로 명명한다.

➡ ____

____

____.

3. 태양은 별이지만 지구나 금성, 목성 또는 달과 같은 천체는 별이 아니다. 별들은 그 종류가 다양하여, 각각의 별들이 가진 특성에 따라 별의 종류를 분류할 수 있다.

➡ ____

____.

4. 천문학자 히파르코스(Hipparchos)는 약 800개의 별의 위치와 밝기를 6개의 등급으로 분류하여, 육안으로 흐릿하게 보이는 별을 6등성, 가장 밝게 보이는 별을 1등성으로 표시하였다.

➡ ____

____.

6

자주 사용되는 특징적인 표현

'분류하기' 글의 구조에서 **자주 사용되는** 특징적인 표현

서론
- ~(이)란 ~을/를 말한다
- ~와/과 구분하다
- ~에 따라 ~을/를 분류할 수 있다

분류 기준과 분류
- ~에 따라 다양하다
- ~을 ~에 따라 분류해 보면~
- ~(으)로 ~을/를 분류하다
- ~등의 유형으로 정리하다
- ~은/는 ~에 속하다
- ~은/는 ~에 해당되다

분류와 단계/과정 설명
- ~의 단계가 존재하다/있다
- ~을/를 거쳐 ~(으)로 접어들다
- ~을/를 거쳐 ~게 되다

결론
- (지금까지) ~에 대해 살펴보았다
- ~에 따른 분류를 통해 ~의 특성을 (잘, 쉽게) 이해할 수 있다

✎ 위의 표현들을 사용하여 문장을 완성해 보십시오.
(모두 같은 주제가 아니어도 되고 본문의 주제와 다른 것으로 써 보는 것이 좋습니다.)

1) _______________________________________ 등의 유형으로 정리할 수 있다.

2) _____________은/는 _____________________에 따라 다양하다.

3) _____________을 _____________에 따라 분류해 보면 _____________

____.

4) ~(이)란 _______________________________________ 을/를 말한다.

5) _______________________________ 다고 덧붙이다/설명하다/언급하다.

6) 지금까지 _______________________________ 에 대해 살펴보았다.

7) _____________에 따른 분류를 통해 _____________의 특성을 잘 이해할 수 있다.

광고는 상품을 구매하려고 하는 사람에게 상품의 정보 및 서비스 내용 등을 널리 전달하고 구매자를 설득하여 상품을 판매하려는 목적을 달성하고자 하는 활동을 말한다. 광고의 유형은 그 분류 기준에 따라 다양하게 나눌 수 있다.

〈표현〉   ~은/는 ~을/를 말한다

~의 유형은 ~에 따라 ~(으)ㄹ 수 있다

- 면접시험은 지원자를 직접 만나 인품이나 언행을 평가하는 시험을 말한다.

- 학교는 설립 주체에 따라 국립, 공립, 사립으로 나눌 수 있다.

 아래의 주제 중 하나를 골라 자주 사용되는 표현들을 사용하여 서론을 써 봅시다.

| 법의 종류 | 동식물의 분류 | 직업의 분류 | 그 외 관심 주제 |

연습1

연습2

광고는 영리성 여부에 따라 영리 광고와 비영리 광고로 분류된다. 영리 광고는 상품 등을 판매할 목적으로 하는 상업적 광고를 가리키고, 비영리 광고는 공공단체에 의한 비상업적 광고이다. 일반적으로 공익 광고라고 일컫는다. 또한 목적이나 기능에 따라 제품 광고와 비제품 광고로 분류할 수 있다. 제품 광고는 기업이 생산하는 상품이나 서비스의 판매를 증진시키기 위한 광고이다. 반면에 비제품 광고는 기업의 사회적 공헌을 대중에게 인식시키기 위한 것으로 기업 광고 또는 이미지 광고라고도 한다.

전달되는 지역의 범위에 따라 국제 광고, 전국 광고, 지역 광고, 지방 광고로 나누어지기도 하고 그 밖에도 전달 매체에 따라 신문 광고, 잡지 광고, 라디오 광고, 텔레비전 광고, 교통 광고, 전단 광고, 영화 광고 등으로 분류되기도 한다.

〈표현〉 ~은/는 ~에 따라 ~와 ~(으)로 분류되다
         ~에 따라 ~(으)로 나누어지다
         ~은/는 ~, ~, ~ 등으로 분류되다

• 회화는 소재에 따라 정물화, 인물화, 풍경화로 분류될 수 있다.

• 영화를 청소년용과 성인용으로 분류할 수 있다.

✎ 아래의 주제 중 하나를 골라 자주 사용되는 표현들을 사용하여 본론을 써 봅시다.

| 법의 종류 | 동식물의 분류 | 직업의 분류 | 그 외 관심 주제 |

연습

광고의 정의는 다양하다. 미국의 마케팅 협회는 "광고란 누구인지를 확인할 수 있는 광고주가 비대면적인 개인에게 유료로 아이디어, 상품 또는 서비스의 정보를 제공하거나 판촉활동을 하는 것이다"라고 정의한 바 있다.

미국의 광고 학자인 제임스 트윗첼(James Twitchell)은 기업의 광고 전략은 종교를 전파하는 것과 같다고 말한다. 종교가 내세의 행복을 약속하는 반면, 광고는 이 세상에서 누릴 행복을 약속한다는 점이 다르다고 했다. 카우보이가 등장하는 말보로 담배 광고는 거칠고 야성적인 남자가 될 수 있다는 약속이고, 그런 남성의 세계로 들어오라는 설득이 광고의 전략이다.

〈표현〉 ~은/는 ~다/라고 말하다
　　　　~은/는 "　　　　　"라고 정의하다/말하다/설명하다

- 예술은 새로움을 추구하는 힘든 작업이라고 말한다.
- 법은 "국가의 강제력을 수반하는 사회규범"이라고 설명할 수 있다.

✎ 아래의 주제 중 하나를 골라 자주 사용되는 표현들을 사용하여 본론을 써 봅시다.

법의 종류	동식물의 분류	직업의 분류	그 외 관심 주제

연습

지금까지 광고에 대해 살펴보았다. 광고는 제품이나 서비스를 소비자로 하여금 구매하도록 하기 위해 자극적이거나 과장되기도 한다. 그러므로 상품을 구매할 때 광고를 너무 믿거나 지나치게 광고에 의존하는 태도는 좋지 않다. 소비자는 광고를 접할 때 올바른 판단력을 가질 필요가 있다.

〈표현〉 지금까지 ~에 대해 살펴보았다/알아보았다

~에 대해 알아 본 결과 ~

그러므로(따라서), 결론적으로

~은/는 ~(으)ㄹ 필요가 있다

- 감염병이 유행할 때는 사회적 거리를 둘 필요가 있다.

- 지금까지 세계 에너지 현황에 대해 살펴보았다.

아래의 주제 중 하나를 골라 결론에 자주 사용되는 표현들을 사용하여 결론을 써 봅시다.

| 법의 종류 | 동식물의 분류 | 직업의 분류 | 그 외 관심 주제 |

연습

※ 지금까지 연습한 것을 바탕으로 하나의 완성된 글을 써 봅시다.

제목:

※ 앞의 읽기 텍스트를 여러분의 모국어로 번역해 봅시다.　　　　걸린 시간: __________분

제목:

역번역하기

※ 여러분의 모국어로 번역한 텍스트를 한국어로 역번역해 봅시다.   걸린 시간: __________분

100

200

300

400

사례1 　원문과 다른 해석 가능성

원문

우리가 아는 태양은 황색으로 G형에 속한다.

학생

① 우리가 아는 태양**도 G형 황색이다.**

② 우리가 아는 태양은 황색이**라서** G형에 속한다.

③ 우리가 알고 있는 태양은 ∅ G형에 속한다.

④ 우리가 아는 태양은 황색**으로** G형**에 해당된다.**

➡ 원문에서는 G형의 여러 별 중에 태양도 같은 그룹에 속한다는 의미를 표현하고 있다. 태양의 색깔이 황색인 것과 G형 그룹에 속하는 것이 연관성이 없다. 학생들의 역번역문을 보면 ①번 역번역 문장에서는 G형은 모두 황색이고 태양도 거기에 속한다는 표현이다. ②번 문장은 G형에 속하는 이유가 태양의 색깔때문이라는 의미가 된다. ③번 문장은 원문에 있는 '태양이 황색'이라는 정보가 빠진 번역문이고 ④번은 '-에 속하다' 대신 '-에 해당되다'로 교체한 문장이다. 원문의 의미와 차이가 나지 않는 경우에는 다른 다양한 표현으로 쓸 수 있는 전략도 사용할 줄 알아야 한다.

사례2 　화자의 의견/태도가 빠진 유형

원문

예를 들면 A5는 A0와 F0형 별의 중간에 해당되며 양쪽의 특징을 반씩 가지고 있**다고 볼 수 있다.**

학생

① 예를 들면 A5는 A0와 F0형 열의 중간에 해당되고 양쪽의 특징을 반씩 **가지고 있다.**

② 예를 들어서 A5는 A0와 F0의 중간에 처하고 양쪽의 특성을 다 **가지고 있다.**

③ 예를 들면 A5는 A0과 F0의 가운데에 있으므로 양 쪽 반반의 특징을 **가지고 있다.**

➡ 원문에서는 글쓴이가 자신의 의견을 직접적으로 강하게 말하지 않고 객관적으로 자신의 주장을 다른 사람에게 표현하는 '-다고 볼 수 있다' 표현을 하고 있다. 그에 반해 학생들의 역번역문은 대부분이 글쓴이의 객관적 자기 주장 표현이 빠져 있어 '양쪽의 특징을 반씩 가지고 있다'는 사실만을 전달하는 문장이 되었다.

정답

1과 꿈들의 사전

3 어휘 및 표현 연습

1. 아래의 문장에 알맞은 표현을 골라 쓰십시오.
   (37쪽)

   1) 과감한 상상력

   2) 성찰 없이

   3) 현실의 변화

   4) 삶의 공간

2. 아래 제시된 용언과 관계없는 것을 고르십시오.
   (38쪽)

   1) ④   2) ④   3) ④   4) ④

3. 문장에서 둘 중 알맞은 것을 고르십시오. (38쪽)

   1) 비정상적인

   2) 무의식적으로

   3) 불가능하다

   4) 비현실적

   5) 무목적의

4. 용언에 따라 달라지는 조사에 주의하면서
   보기 와 같이 문장을 바꿔 써 봅시다. (39쪽)

   1) 많은 생의 진실들을 간직하고 있는지 모를
      일이다.

   2) 내일의 새로운 꿈을 기획하고 실현할 수 있다.

   3) 하나의 사전을 만들어본다면 어떤 꿈들의
      사전을 만들 수 있을까?

2과 언어와 심리 상태의 연관성

3 어휘 및 표현 연습

1. 아래의 문장에 알맞은 단어를 골라 쓰십시오.
   (53쪽)

   1) 인과 관계

   2) 위기 상황

   3) 사용 빈도

   4) 음성 파일

2. 아래에 제시된 단어와 어울리지 않는 하나를
   고르십시오. (54쪽)

   1) ④   2) ②   3) ③   4) ②

5. 아래의 문장을 뜻이 달라지지 않는 범위에서
   다른 표현을 쓰거나 문장 구조를 바꾸어 써
   봅시다. (55쪽)

   1) 기능어가 언어 습관을 반영하기 때문에 그들은
      기능어 분석에 초점을 두었다.

   2) 언어와 인간의 사고가 서로 밀접한 관련이
      있다는 것은 누구나 잘 알고 있는 사실이다.

3과 채식의 배신

3 어휘 및 표현 연습

1. 아래 제시된 용언과 관계없는 것을 고르십시오.
   (71쪽)

   1) ⑤   2) ②   3) ④   4) ②   5) ③

2. 보기 와 같이 의미가 달라지지 않도록 문장을
바꿔 써 봅시다. (72쪽)

1) 자신의 사례를 근거로 채식의 단점을
비판하였다.

2) 식물성이면 괜찮다고 생각하는 인식이 큰
문제이다.

3) 섬유질은 체내로 흡수되지 않지만 콜레스테롤을
배출하는 역할을 한다.

3. 보기 와 같이 문장을 만들어 보세요. (72쪽)

1) 직장생활에서 다른 사람을 배려하는 것이
필요하다.

2) 원하는 회사에 취업하는 것이 올해의 목표이다.

3) 내가 원하는 것은 마음이 맞는 사람과 함께
일하는 것이다.

4과　공유경제, 공유 주택

3 어휘 및 표현 연습

1. 아래의 문장에 알맞은 단어를 골라 쓰십시오.
(89쪽)

1) 생활 편의

2) 생활 습관

3) 주거 환경

4) 친목 도모

2. 아래 제시된 단어와 관계없는 것을 고르십시오.
(90쪽)

1) ③　　　2) ②　　　3) ②　　　4) ②

5. 보기 와 같이 의미가 같도록 문장을 바꿔 써
봅시다. (91쪽)

1) 전기료 부담이 적다는 것이 새로 나온
전기매트의 특징이다.

2) 혼자 살 때 느끼는 외로움을 덜 수 있다는 것이
공동 주택 생활의 장점이다.

3) 공유 경제의 예로 여러 명이 함께 사는
셰어하우스를 들 수 있다.

5과　단원 김홍도와 혜원 신윤복

3 어휘 및 표현 연습

1. 아래의 문장에 알맞은 표현을 골라 쓰십시오.
(107쪽)

1) 최고의 영예

2) 대조적인 특징

3) 진정한 맞수

4) 존재감을 드러냈

2. 아래 제시된 단어와 어울리지 않는 하나를
고르십시오. (108쪽)

1) ②　　　2) ④　　　3) ②　　　4) ④

5. 용언에 따라 달라지는 조사에 주의하면서
보기 와 같이 문장을 바꿔 써 봅시다. (109쪽)

1) 왕이 재능을 인정하여 왕의 초상화를 그리게
하였다.

2) 신윤복의 그림은 여성들이 작품에 등장한다는
점에서 의미가 있다.

3) 조선 후기 대표적인 화가로 김홍도와 신윤복이
꼽힌다.

6과 세계는 지금 재생 에너지 개발 바람

3 어휘 및 표현 연습

1. 아래의 문장에 알맞은 표현을 골라 쓰십시오.
   (125쪽)

   1) 기후 변화

   2) 화석 연료

   3) 에너지 자원

   4) 생태계 파괴

2. 아래 제시된 동사와 관계없는 것을 고르십시오.
   (126쪽)

   1) ⑤   2) ⑤   3) ⑤   4) ④

5. 용언에 따라 달라지는 조사에 주의하면서
   보기 와 같이 문장을 바꿔 써 봅시다. (127쪽)

   1) 개발을 완료하면 사람들이 이용할 수 있는
      규모의 전력을 생산할 수 있다.

   2) 에너지 관련 각료회의에서 '수소기본전략'이
      채택되었다.

   3) 생존을 위해 근본적인 사고가 전환되어야 한다.

7과 고령 사회의 문제점과 대책

3 어휘 및 표현 연습

1. 아래의 문장에 알맞은 단어를 골라 쓰십시오.
   (143쪽)

   1) 일자리 창출

   2) 노인 복지

   3) 사회 안정망

2. 아래에 제시된 단어와 어울리지 않는 하나를
   고르십시오. (144쪽)

   1) ③   2) ②   3) ②   4) ③

5. 용언에 따라 달라지는 조사에 주의하면서
   보기 와 같이 문장을 바꿔 써 봅시다. (145쪽)

   1) 무엇보다 중요한 것은 물가가 안정되는 것이다.

   2) 자신의 잠재력이 높아질 수 있는 여러 가지
      방법들을 찾아야 한다.

   3) 경제적인 문제와 건강의 문제를 해결해야 한다.

8과 별의 일생과 종류

3 어휘 및 표현 연습

1. 아래의 문장에 알맞은 표현을 골라 쓰십시오.
   (161쪽)

   1) 생성과 소멸

   2) 생명의 자양분

   3) 우주 공간

   4) 표면 온도

3. 보기 와 같이 동일한 의미가 되도록 문장을
   바꿔 써 봅시다. (162쪽)

   1) 블랙홀의 질량에 의해 별의 생성과 소멸이
      결정된다.

   2) 태양처럼 스스로 빛이 나는 항성을 별이라 한다.

   3) 각 유형은 10등분하여 0~9로 나눌 수 있다.
      (나눈다)

5. 아래에 짝지어진 단어나 표현은 서로 바꾸어
   쓸 수 있는 것들이지만 바꿔 쓸 수 없는 경우도
   있습니다. 문장에 알맞은 것을 골라 써봅시다.
   (163쪽)

   1) 구별할

   2) 해당하는

   3) 일생

   4) 속한다

   5) 특징

   6) 특성/특징